Ma résilience à moi

Du même auteur

Je suis né à 17 ans…, avec Jean-Philippe Zappa, Plon, 2018.

Thierry Beccaro

avec
Bénédicte des Mazery

Ma résilience à moi

PLON
www.plon.fr

92, avenue de France
75013 Paris
Tél. : 01 44 16 09 00
Fax : 01 44 16 09 01
www.plon.fr
www.lisez.com

Mise en pages : Facompo (Lisieux)
Dépôt légal : novembre 2021
ISBN : 978-2-259-30697-3

« Celui qui s'efforce de vous réconforter,
ne croyez pas, sous ses mots simples et calmes
qui parfois vous apaisent,
qu'il vit lui-même sans difficulté.
Sa vie n'est pas exempte de peines et de tristesses [...].
S'il en eût été autrement,
il n'aurait pas pu trouver ces mots-là. »

Rainer Maria RILKE

Le jour où *Je suis né à 17 ans…** est sorti, une histoire merveilleuse et inattendue a commencé. Une porte s'est ouverte sur quelque chose de bien plus grand, sur un cadeau d'une immense valeur fait par vous, lecteurs. Car, si écrire mon passé m'a apaisé, d'autres voix que la mienne sont sorties du silence, ont parlé à leur tour, se sont racontées, ont dénoncé la souffrance de leur enfance cabossée. Depuis la sortie de mon livre, j'ai reçu et je reçois tellement de témoignages… C'est comme si j'avais poussé une porte et que des centaines d'histoires s'étaient ouvertes sur une douleur qui nous ressemble. Et qui nous rassemble.

« Maintenant que ta maltraitance a été dite, pourquoi ne pas pousser un peu plus loin et raconter le parcours d'une vie marquée par une enfance bousculée, avec ses hauts et ses bas, ses sentiers et ses ornières ? », me dit alors mon éditeur.

Voilà comment est née l'idée de ce deuxième livre.

* Plon, 2018.

Car, en se livrant à moi dans les salons du livre, dans des lettres, toutes ces voix m'ont fait me sentir dépositaire de quelque chose. Je ne peux répondre à chacun, ce serait une tâche trop longue et sans doute inappropriée, mais ces témoignages font de moi un messager. Cette déferlante d'amour que les lecteurs m'ont donnée fait de moi le porte-voix de celles et ceux qui ont manqué d'amour enfant, qui ont été maltraités. Nous, dont le chemin est malaisé, plus compliqué que pour certains, et pourtant pas impossible.

C'est le récit des enfants blessés qui ont droit à leur morceau de bonheur. Parce qu'on peut avoir été un bout de chou meurtri, terrifié dans un coin de pièce et connaître, adulte, l'amour et la réussite personnelle. Ce bonheur-là n'est pas usurpé, tous les enfants maltraités, dont on sous-estime le courage et la détermination, le méritent. Et le chemin qui conduit cet enfant recroquevillé sous les coups à devenir un adulte s'autorisant à être bien, à être peut-être même heureux, est un chemin qui existe. Je l'ai emprunté, à ma façon, qui est la mienne, juste la mienne devrais-je dire, car les chemins sont multiples. Chacun d'eux demande du courage, tous s'appuient sur des rencontres, c'est un parcours semé d'embûches, bordé de gouffres, mais qui apprend à éloigner chaque fois un peu plus les démons installés pour laisser entrer les Anges et leurs mains aimantes.

On appelle cela la résilience, un mot de physique pour désigner la résistance d'un matériau à la cassure, mais aussi pour parler d'un être humain qui va faire de sa fêlure une force.

On ne décide pas de devenir résilient. On le devient parce qu'on est nourri d'autre chose, d'une intuition, d'ingrédients qu'on ne soupçonnait pas, et qu'on a la chance de faire les bonnes rencontres. On ne le devient pas forcément.

Et quand bien même… Les résilients restent des funambules, jamais à l'abri de tomber d'un côté ou de l'autre, comme les gens qui sortent des addictions. S'extraire de la pénombre ne veut pas dire arriver brutalement en plein soleil. On ne quitte pas un chemin de ronces pour un chemin parsemé de pétales de rose. On ne plane pas à 5 mètres du sol. Non. On n'est pas résilient comme ça, d'un coup, et ce n'est pas une fois pour toutes. C'est un chemin de tous les jours. Et il subsistera toujours en nous une part d'ombre.

Ce récit est le mien, il est *ma résilience à moi*. Mon souhait le plus cher est qu'il apporte un peu d'apaisement et d'espoir à toutes celles et tous ceux qui, eux aussi, reviennent de loin. Puisse-t-il être un petit bout des chemins possibles pour diminuer les ombres et agrandir la lumière.

Car si un enfant maltraité garde toujours en lui sa fêlure, elle peut devenir celle-là même par laquelle passe sa lumière.

« Un jour pas fait comme les autres »

« Non, mais comment tu peux me dire ça, maman ! »

Je hurle, je tempête, j'étouffe. Comment est-ce possible ?

« Tu crois que j'ai tout imaginé ? Tu crois que j'ai fait dix ans de psy, allongé sur un divan, pour rien ? »

J'ai l'impression que je vais devenir fou. Ma mère prétend ne pas se souvenir de cette scène terrible qu'elle vient de lire dans mon précédent livre*.

« Tu veux que je te décrive tout ? Le rideau, la forme du fusil… »

Non, je n'ai pas rêvé. Ça fait presque cinquante ans mais je me souviens de tout.

C'est un soir de printemps, j'ai 17 ans. Il est 21 heures et mon père arrive à la maison. Il porte sa veste à carreaux marron, je me revois l'embrassant et je sens à nouveau ce mélange d'odeurs bien à lui, ce mélange vaguement écœurant de cigarette,

---

* *Je suis né à 17 ans…, op. cit.*

de menthe et d'essence rapportée du garage où il travaille. L'odeur surtout de cette pastille de menthe, destinée à cacher celle de l'alcool bu au café où il finit ses journées avec des collègues. Ma petite sœur Valérie n'est pas là, à 13 ans elle reste en pension la semaine. Je regagne ma chambre. Allongé sur mon lit, je pense au bac qui approche à grands pas, plus qu'un mois pour réviser, lorsque j'entends un bruit sourd dans l'appartement, un bruit de cavalcade. Intrigué, je me lève, je me glisse dans le couloir, j'ouvre la porte du salon et… et là, je vois mon père braquant sur ma mère son fusil à pompe de chasseur. Brusquement, le temps s'immobilise. Arrêt sur image.

Ma mère, figée, silencieuse, tenue en joue par mon père.

Combien de temps s'écoule-t-il ? Une seconde ? Trois ? Dix ?

Je m'entends dire, d'une voix étranglée :

« Papa, mais qu'est-ce que tu fais ? »

Il baisse lentement son fusil sans le lâcher puis, mû par un accès de violence inouï, il saisit ma mère à la gorge. Elle ne dit rien tandis que, pour moi, d'un seul coup la caméra se remet à tourner, les images s'affolent, le temps reprend sa course insensée. Soudain mon père m'intime l'ordre de m'asseoir sur le canapé.

Je m'assieds, anesthésié. Ma mère reste debout, immobile près de mon père qui commence alors à se déshabiller. Il est dans un état d'ébriété avancé mais lucide, de cette ébriété pleine d'amertume qui fait ressurgir les mauvaises pensées. Il se tient maintenant debout devant moi, en tricot de corps et en slip kangourou. Lui qui était il n'y a pas si longtemps un bel homme, musclé, toujours impeccable, n'est plus qu'un homme au gros ventre sans aucune tenue. Son malheur est trop grand, sa détresse trop profonde, il n'a plus conscience de ce qu'il représente.

D'une voix gorgée de colère, il se met à raconter son histoire, ou plutôt il me la déverse au visage.

Il me raconte le dédain de sa belle-famille s'opposant au mariage de leur fille avec un vulgaire rital, un macaroni. Il dit aussi qu'à ma naissance ma mère et lui n'avaient pas d'endroit où vivre ensemble et qu'ils ne savaient pas quoi faire de moi. Il raconte encore qu'ils ont frappé à toutes les portes familiales pour trouver quelqu'un capable de s'occuper de moi et que personne ne m'a voulu, en dehors de ma grand-mère paternelle, mémère Anna. Vrai, pas vrai ? J'ignore comment ça s'est passé au juste mais, dans ma tête d'adolescent, la scène se fabrique et prend forme. Je les vois, jeune couple d'à peine 22 ans chacun, un bébé dans les bras, frappant de maison en maison comme des représentants de commerce proposant leur marchandise. « On a un petit bonhomme, on ne sait pas quoi en faire, vous n'en voulez pas ? », et les portes se refermant une à une sur des « non merci », « désolé », « on n'est pas intéressés ».

La colère de mon père se transforme en une rage sourde. Il m'annonce avec une précision délirante :

« Alors tu m'entends bien ? Je vais tous les réunir et je les flinguerai tous. Un par un. »

Sur le moment, je le crois, et ça me pétrifie d'être pris pour témoin de ce serment, pour garant d'une vengeance annoncée.

« Et écoute-moi bien ! Je veux être enterré à côté de mémère Anna. »

Ma mère, toujours immobile et silencieuse, pour ne pas exacerber sa fureur, sans doute.

J'ai l'impression que ma vie s'arrête. Je ne pleure pas mais tout se fige à l'intérieur de moi, c'est un nouvel arrêt sur image qui va décider de tous les jours qui suivront, le bac que je raterai bien sûr mais aussi la peur, l'incompréhension, le silence dans lequel je vais me murer. Je resterai quasiment mutique durant trois semaines. Je ne peux pas raconter cela aux copains, c'est irracontable. Parce que le raconter, ce serait le revivre. Le problème, c'est que, pour se libérer, il faut en parler. Ça me prendra des années pour y parvenir, pour mettre des mots sur les choses et m'apaiser un peu.

Ce jour-là, c'est comme si j'étais mort soudain, comme si on avait cassé quelque chose en moi.

Le coup de fusil n'a pas retenti, mais c'est moi qui l'ai reçu. Ça ne m'a pas fait exploser la tête, mais la vie. Plus encore que sa violence, la tristesse de cette scène m'est insupportable. Assister à une image si dégradée de mon père me tue plus que le fait d'imaginer que personne dans la famille ne voulait de moi. Ce jour-là, mon père perd toute dignité à mes yeux.

« Je ne me souviens absolument pas de cette scène du fusil...

— Comment tu peux dire ça, maman... »

Elle ne dément plus. À l'autre bout du fil, c'est le silence.

Je raccroche, épuisé, et je me souviens des paroles de Philippe Gérard, ce psychanalyste qui m'a tant aidé à comprendre et à faire le chemin. « La personne qui est dans le déni, Thierry, ce n'est pas contre vous qu'elle le fait. C'est un mécanisme psychique de protection, une façon pour elle d'occulter une réalité trop douloureuse. »

Ce soir-là, lorsque mon père a fini de déverser sa détresse, ma mère me dit simplement : « Va te coucher », et quand j'ai regagné mon lit, elle vient me porter un cachet d'aspirine, en l'accompagnant d'un « ça va t'aider à dormir ». Un cachet d'aspirine...

Le déni de ma mère qui ne voit pas, qui ne veut pas voir. Qui minimise. Le déni même du principal concerné quand, le lendemain, mon père remarquant mon mal-être s'inquiète :

« Ça n'a pas l'air d'aller, Thierry. Tu as des problèmes avec une fille ? »

Je n'en crois pas mes oreilles.

« Mais papa, hier soir... le fusil, maman, toi... de quoi tu me parles ? Tu n'as pas pu oublier !! »

Il hausse les épaules.

« Ben oui, c'est comme ça ! C'était un jour pas fait comme les autres ! »

La banalité de cette phrase par rapport à la déflagration vécue ! C'est comme s'il me tuait une seconde fois !

Je n'ai jamais pu te le dire en face, papa, alors je te l'écris seulement aujourd'hui, parce que tu n'es plus de ce monde.

> *Ce soir-là, j'aurais dû prendre un vase et te le fracasser sur le crâne. Je n'ai pas pu, je ne pouvais pas. Je m'en suis voulu pendant des années, pensant que je n'étais qu'un lâche, une merde.*
>
> *J'avais tellement peur…*
>
> *J'avais 17 ans, et tu m'as tué. Le coup de fusil à pompe que tu brandissais sur maman, c'est moi qui l'ai reçu en plein cœur, en pleine vie. Moi qui avais tant de mal à vivre.*

Tant de mal à vivre… Cette scène du fusil couronne une enfance où, dès l'âge de 4 ans, je n'ai plus de vie à moi, où je vis celle de mes parents. Entièrement occupé à prévenir les débordements paternels, à désamorcer les conflits, attentif aux signes annonciateurs d'une nouvelle crise de violence, je les surveille en permanence.

Pétri de peur depuis que j'ai quitté la maison de ma grand-mère Anna. Ma maison.

Le paradis perdu

Ma grand-mère, c'est ma première famille, ma vraie famille, ma *fellinia vita*, comme je l'ai appelée, en référence à cette vie italienne et joyeuse des films de Fellini. Le paradis de mes quatre premières années. Mémère Anna, qui m'a recueilli à ma naissance, m'élève dans une maison face à la gare de Mantes-la-Jolie. Je ne vois pas passer les trains mais derrière le muret, au fond du jardin, je regarde s'élever la fumée blanche des locomotives, j'entends le ahanement doux et régulier des roues, je sens l'odeur de métal et de charbon… Le train sera ma madeleine de Proust, la musique de mes années de bonheur qui me berce et m'apaise. Chez ma grand-mère, je suis heureux comme un prince, sans m'étonner de ne voir mes parents que de temps en temps et de ne pas vivre chez eux. Les jours se succèdent, remplis de bonheur, ponctués par le bruit des trains, ébouriffés par les visites régulières des oncles, des tantes et des cousins. Ici, le temps n'existe pas. Lundi, mardi, dimanche, qu'importe : ma grand-mère aurait pu m'emmener n'importe où, pourvu que je sois avec elle je suis heureux. Elle sent l'eau de Cologne et elle dégage une autorité ferme, naturelle. J'adore les grosses veines bleutées de ses mains. Assis sur ses genoux, je ne me lasse pas de les caresser, d'appuyer dessus avec mon doigt. Le soir, à la table des grands, mes yeux se ferment de fatigue, lourds, si lourds, et c'est tellement bon de m'endormir comme ça, au milieu du roulement régulier des conversations adultes, de plus en plus confuses, de plus en plus lointaines. Je suis bien mieux que dans mon lit !

Le dimanche, c'est la grande réunion familiale et moi, installé sur les genoux de ma grand-mère, je suis le roi du pétrole. J'écoute mon oncle Jean râler, il joue au tiercé mais il ne gagne jamais, il lui manque toujours un numéro et ça l'agace prodigieusement. Il boit son petit verre de Fernet-Branca puis son menton tombe, il s'endort à table tandis que ma marraine, Ada, me sert la plus grosse part de son dessert, un clafoutis du tonnerre, en me regardant tendrement : « C'est pour toi, mon canard. » Elle m'appellera ainsi jusqu'à sa mort, même quand j'aurai 26 ans et que je serai devenu bien grand pour un canard… En fin de repas, tonton Lucien, réplique parfaite de Tino Rossi, se met à chanter, et tout le monde l'écoute, impressionné, dans un silence religieux. Tonton Johnny, lui, joue les équilibristes sur son vélo à une roue, et quand ma cousine Catherine m'installe derrière elle sur son Solex, quand je la serre de toutes mes forces, terrorisé par la vitesse (on devait aller à 10 kilomètres/heure), j'en ai le souffle coupé de bonheur.

Mes parents viennent puis ils repartent sans moi et sans un mot d'explication. Maman est belle, papa avec sa fine moustache ressemble à Zorro, mais je n'attends d'eux rien de particulier. Je suis tellement bien chez mémère Anna, tellement heureux…

Jusqu'à ce jour où ils m'arrachent à ma vie, où ils brisent brutalement mon petit paradis, pulvérisant *tous ces moments joyeux où je courais me noyer dans les bras d'une grand-mère si douce, qui n'est plus avec moi pour apaiser la course de mon cœur qui cogne contre les murs*. Ce jour où ils me reprennent soudain avec eux. Je viens d'avoir 4 ans.

À la maison pleine de gaieté de Mantes-la-Jolie succède un appartement silencieux au onzième étage d'une HLM à Colombes. Sans préparation, ma vie à l'horizontale au sein d'une maison enveloppante se transforme en une vie verticale dans une tour écrasante. Tout petit, je me sens perdu dans ces « grands ensembles », comme les appelait le psychanalyste Jacques Lacan, où chacun est terriblement seul.

Là, une surprise de taille m'attend : un bébé fraîchement né, ma petite sœur Valérie. Je ne savais même pas que ma mère attendait un enfant, je n'ai pas souvenir de l'avoir vue avec un gros ventre. J'ai seulement 4 ans mais, immédiatement, je ne me sens pas au bon endroit, pas dans la bonne famille. D'emblée, je ne comprends rien. L'anonymat des voisins, l'arrachement à ma grand-mère aimée, la longueur et l'ennui de ces jours tristes qui n'en finissent plus... Autant j'ai été fou de bonheur et vivant comme on ne peut pas l'être davantage chez mémère Anna, autant j'ai l'impression désormais de ne plus exister.

La maltraitance commence là, quand on use d'un enfant comme d'un objet, en le prenant et en le déplaçant sans rien lui expliquer.

Puis la violence paternelle apparaît très vite et, avec elle, la peur.

Ma mère travaille tard, et lorsque nous n'avons pas de nounou, c'est mon père qui s'occupe de Valérie et de moi. Et quand il sent la menthe, on a intérêt à se tenir à carreau. Ces soirs-là, je regarde ma petite sœur avec désespoir, je la supplie en pleurant, « je t'en prie, ne fais pas pipi dans ta culotte », « s'il te plaît, avale ta viande, ne fais pas de boulettes avec, dans ta bouche. Tu sais que ça énerve papa... » Et quand papa s'énerve, c'est sur moi que ça tombe. Pourquoi moi et moi seul, je ne comprends pas. Valérie encore moins. Elle est mignonne mais elle est si petite, elle n'est pas responsable de ce qui se passe. Et si mon père ne la frappe jamais, elle est spectatrice de sa violence, comme ce jour où, « ivre » de rage, il lève un poing énorme dans ma direction avant de le propulser, au dernier moment, dans le mur du salon. Ce poing qui laissera la trace de ses phalanges dans un mur en béton, ce poing qui m'aurait tué s'il m'avait atteint. Jour de folie, de folie pure !

La peur s'installe en moi, me donnant l'impression de ne pas exister. Ce n'est pas qu'au moment des coups, c'est un tout. Mon enfance est ponctuée par des peurs vécues comme autant de morts successives, interminables et angoissantes, que j'ai racontées en grande partie dans mon précédent livre. La peur de ne trouver personne à la sortie de l'école parce que mes parents m'ont oublié, la peur de la violence des autres gamins qui me traitent de fayot quand j'ai de bonnes notes, la peur des coups qui pleuvent sur moi quand papa a trop bu. La peur aussi des nounous qui nous gardent et notamment de l'une d'elles qui m'enferme dans le placard au moindre écart. Mise au courant par Valérie, ma mère la renvoie heureusement immédiatement. Mais c'est à peu près sa seule intervention. Maman ignore la maltraitance exercée par mon père qui se produit toujours en son absence. Elle n'en aura connaissance que beaucoup plus tard, lorsque Valérie la mettra au courant. J'ai alors 40 ans passés, et elle ne m'appellera même pas pour m'en parler. Ce n'est que plus tard encore qu'elle me dira un jour : « Si j'avais été là, ça ne se serait pas passé comme ça. »

Oui, mais tu n'étais pas là, maman. Tu n'étais pas là pour me protéger. Tu m'avais abandonné.

Je me crois responsable de la violence de mon père, sans en comprendre alors la raison : sa jalousie. Mon père est d'une jalousie maladive et ma mère, militaire, est télexiste dans l'armée de l'air, elle évolue dans un univers essentiellement masculin. Alors, dès qu'il peut, il va la chercher à la sortie de son travail pour être sûr qu'elle ne fréquente aucun autre homme. J'ai à peine 6 ans, la nuit tombe et je reste seul dans l'appartement avec ma toute petite sœur, je n'ose même pas allumer la lumière. Couché dans l'obscurité, j'attends le retour de mes parents, je guette le bruit des talons de ma mère dans le couloir de l'immeuble, ce claquement sec qui soulagera mon angoisse et me permettra de m'endormir. Puis lorsqu'ils rentrent enfin, je prie secrètement que tout aille bien, que papa n'ait pas bu, que maman soit de bonne humeur. Si elle vient m'embrasser, c'est bon signe. S'il vient aussi, c'est encore mieux, surtout s'il ne sent pas la menthe.

Pourquoi je ne suis pas, comme dans la chanson de Dick Annegarn, un innocent enfant ?

> Tous les enfants dans leurs draps,
> Dorment d'un sommeil innocent.
> Innocent enfant.
> La nuit est un doux refuge de rêves.
> Des fils de soie reposent sur les cils de l'enfant
> Innocent enfant.
> Que le blanc linge te protège !
> Dors, de ton sommeil d'or dors* !

J'ai 6 ans et j'ai envie de mourir.

« Pendant très longtemps, j'ai cru que je m'appelais Silence », disait Coluche dans un sketch. Une enfance

---

* Dick Annegarn, « Les enfants », *Le Meilleur de Dick Annegarn*, Polydor, 2000.

maltraitée, c'est comme une main posée sur votre bouche en permanence. Je ne peux rien dire et je ne sais pas comment me conduire. Durant toute mon enfance, j'ai peur de faire, par peur de mal faire alors je ne fais rien ! Je ne comprends pas ce qui se passe. Mon père est cet homme imprévisible, capable pour mon plus grand bonheur de me tirer du lit une veille d'école pour partager avec lui la finale de Coupe du monde de foot à la télévision et capable de se mettre dans une colère noire et de me tomber dessus à coups de poing. Comme le Dr Jekyll and Mr Hyde du roman de Stevenson, il est cet être double, doté d'une face cachée et monstrueuse que l'alcool réveille brutalement. Il suffit d'un rien pour déclencher une épouvantable colère, comme ce jour où je n'arrive pas à terminer mes petits pois et où il m'enfonce la tête dans l'assiette posée par terre en criant : « Tu crois qu'elle serait fière de toi, mémère Anna, si elle te voyait comme ça ? » Mémère Anna... mais si ma grand-mère avait su que son fils se comportait comme ça avec moi, je suis sûr qu'elle m'aurait défendu ! Elle en avait la force. Mémère Anna, c'est la statue du Commandeur dans *Don Giovanni*. Je me souviens encore de ce jour où elle a dit à mon père qui avait dû commettre un écart de langage : « Ne me parle pas comme ça. Tu as beau avoir l'âge que tu as, je peux encore t'en retourner une. » Et moi, tout petiot, émerveillé, pensant : « Quelle chance elle a ! »

Je suis dans l'impossibilité de raconter ce que je ressens, à un copain, à un adulte. Quoi dire ?

Comment comprendre ce père qui me frappe et vient ensuite m'embrasser dans mon lit en me disant « je t'aime » ? Ça me fait l'effet d'une bombe atomique chaque fois. Je pense : « S'il m'aime et qu'il me bat, c'est que j'ai fait quelque chose qu'il ne fallait pas, que j'ai mérité ses coups. Mais pourtant je n'ai rien fait de mal. Que puis-je faire de mieux que de ne rien faire de mal ? »

Je suis incapable de comprendre que les coups viennent parce que papa est alcoolisé, qu'il est jaloux jusqu'à la folie et qu'il se venge sur moi de sa souffrance personnelle.

Je suis incapable de comprendre la tristesse de maman et ses yeux rougis de larmes, je pense que c'est ma faute. Pour la consoler, je lui cueille des fleurs des champs, j'arrive avec mon petit bouquet à la main mais ça ne sert à rien, ça ne lui rend pas le sourire. Un enfant n'a pas la psychologie nécessaire pour analyser ce qui se passe. Un enfant naît plein d'amour, prêt à tout accueillir, à tout recevoir. « Petits et grands, Les enfants sont d'or et d'argent, Faufilés de fils blancs », comme chante Dick Annegarn. Quand il reçoit des coups, comment se plaindrait-il de ses parents alors qu'il ne connaît que cette relation avec eux ? Au contraire, il va chercher à les protéger.

C'est aujourd'hui seulement, après avoir fait le travail pour comprendre, et une fois mon père mort, que je peux lui écrire ce qu'il m'a fait subir. Les coups, papa, c'est la force des faibles.

Qu'est-ce que je t'ai fait ?
Qu'est-ce que je t'avais pas fait ?
Tu t'es vengé sur moi... tout petit
Tu m'as brisé le corps sous l'emprise de l'alcool... avec tes poings
Parce que tu étais jaloux, que maman t'a rendu fou,
C'est moi que tu as puni...
Devant Valérie, témoin de l'inimaginable.
C'est ça, le courage ? C'est ça, ta force ? Taper sur un enfant ?
Zéro. Minable Zorro...
J'ai jamais pu me défendre
Jamais... J'avais trop peur.

Cette peur qui m'empêche de m'exprimer, comme si on avait placé un éteignoir sur ma petite flamme d'enfant.

Je cherche à plaire, sans savoir comment m'y prendre.

Je cherche à ne pas déplaire, à me faire tout petit.

Enfant, je n'imagine pas un instant pouvoir me mettre en colère, je n'ose pas, par peur de la punition qui s'ensuivra inévitablement. Au contraire, je me creuse la tête pour éviter les conflits, pour instaurer une paix un peu durable. La colère chez moi est encore presque impossible aujourd'hui, chaque fois elle se transforme en tristesse, comme autrefois.

Dire les choses ? M'exprimer ? Ça signifie quoi, au juste, pour ces adultes qui m'entourent et ne me disent rien que je comprenne ? Ou alors des mots qui me semblent inconcevables. Comme ce lundi où je rentre de l'école. Mon père est déjà à l'appartement, à m'attendre. J'ai à peine posé mon cartable qu'il me dit : « Mémère Anna est partie. » Et il ajoute : « Vas-y, pleure. Tu peux pleurer. »

Du haut de mes 11 ans, je trouve ça incroyable. *Tu peux pleurer* ? Comment peut-on dire ça ! Alors on va me juger sur les larmes que je vais verser ? Mais ce ne sont pas les larmes qui font le chagrin. Je ne me souviens même plus si j'ai pleuré. Je ne me souviens pas non plus d'avoir été à l'enterrement de ma grand-mère aimée. Peu importe. Elle est là-haut, mais elle est aussi dans mon cœur à jamais. Elle est même dans mon passeport, elle m'accompagne quand je prends l'avion. Je n'ai pas besoin d'aller au cimetière pour penser à elle. Je préfère me recueillir dans le silence d'une église pour penser aux disparus que j'aime. Mémère Anna, mon paradis, perdu pour de bon cette fois-ci.

Un ennui si profond

Une enfance peu nourrie, ça crée de l'ennui, ce sentiment étrange et brouillardeux dans lequel on se sent englué sans savoir comment s'en extraire. Après mes premières années si vivantes chez ma grand-mère, une fois chez mes parents, il me faut soudain combler les heures. Avec quoi ? Comment occuper ces heures vides, alors qu'on ne me propose rien ? Je n'ai pas de relation avec mes parents, ils ne me parlent de rien qui puisse m'intéresser, rien qui m'ouvre à quelque chose de neuf, d'inattendu. En fait, ils ne peuvent pas me donner ce qu'ils n'ont pas reçu.

À mon profond ennui, ma mère répond par des injonctions.

« Reste pas là dans mes pattes à rien faire, occupe-toi, va jouer dehors. »

Mais je n'ai aucune envie d'aller jouer dehors. Qu'est-ce que je ferais dehors, tout seul ?

« Va à la piscine avec des copains. »

J'ai horreur de la piscine, de l'odeur du chlore, de l'écho amplifié des bruits d'eau et des cris... et puis les copains, je n'en ai pas vraiment.

Je tire quelques notes de ma flûte, qu'on apprend à l'école et ça me plaît, mais j'énerve ma mère. « Oh, arrête avec ton flûtiau ! »

Essayer de ne rien faire et rêver, peut-être ? Mais, là encore :

« Si tu ne sais pas quoi faire, je vais te trouver une occupation, moi. »

Tout cela se transforme peu à peu en angoisse du temps libre. Angoisse du samedi, du week-end, des vacances. Angoisse de ces moments où, pour une raison que j'ignore, on m'envoie chez oncle Robert et tante Yvonne que je ne connais même pas. Chez eux, le temps s'étire à l'infini, les jours sont alourdis d'ennui, le parquet est trop lustré, ça sent mauvais la cire Johnson. Il y a un moment où le propre, ça ne sent plus bon, ça sent la mort. J'attends l'épisode de *Richard Cœur de Lion* à la télé, qu'il vienne me grignoter une demi-heure de ces journées désespérément vides. Le soir, ma tante se met de la crème sur le visage et des rondelles de concombre sur les yeux, elle me fait peur, on dirait Belphégor. Dans le jardin, il y a un muret sur lequel je grimpe et je reste assis là, les jambes ballantes, à regarder la lumière des maisons au loin. J'imagine tous ces gens qui vivent, qui dînent, qui sont ensemble. Je pense à ma grand-mère, à ma marraine chérie, à tous ceux chez qui je ne suis pas. Qu'est-ce que je fais là ? Pourquoi vous m'avez abandonné ici, papa, maman ? C'est quoi la vraie raison ? Parce que mon oncle et ma tante n'ont pas d'enfants et qu'ils ont envie de voir ce que ça fait, alors vous leur avez dit : « On vous prête le petit Thierry » ? Comme on prête un vélo, ou un ballon. « Mais vous y ferez attention, hein ? »

Je ne saurai jamais pourquoi on m'envoyait là-bas.

Plus tard, j'entends dire qu'il faut se faire sa place dans la famille. Mais ce n'est pas si simple que ça. Comment trouver une place quand on se sent déplacé dans sa propre famille ? Dès le départ, j'ai l'impression qu'il y a eu une erreur de casting.

« La contemplation boudeuse, dans la petite enfance, d'un plafond de chambre ou d'un bout de trottoir, m'a révélé plus de choses sur l'enfer que tous les livres de sagesse lus ensuite. L'enfer, c'est cette vie quand nous ne l'aimons plus. Une vie sans amour est une vie abandonnée, bien plus abandonnée qu'un mort* », comme l'écrit Christian Bobin.

Encore aujourd'hui, j'éprouve une angoisse à rester sans rien faire. J'ai tendance à multiplier les rendez-vous, à remplir mon agenda. À me prouver que j'ai fait des choses, que j'ai vu des gens, que j'ai passé des coups de fil, que je n'ai pas perdu ma journée…

Et le rapport avec ma mère n'a pas changé sur le sujet. Elle me demande toujours la même chose :

---

* Christian Bobin, *L'Inespérée*, Gallimard, Folio, 1994.

« Ça va ? Ton travail, ça va ?

— Oui.

— Si tu as du travail, c'est bien, c'est important. »

Et si je ne fais rien, est-ce que je suis quelqu'un ? Qui suis-je quand je ne suis pas devant une caméra, sur une scène, dans une fonction d'ambassadeur Unicef ?

Rien n'existait entre mes parents et moi d'une relation parent-enfant basée sur l'amour, la confiance, l'accompagnement. C'est comme si je disparaissais. J'étais comme déconnecté d'eux, sans contact. En suspendant brutalement les relations entre les êtres, la récente pandémie du Covid-19 a réveillé chez moi cette peur. Je disais aux amis : « Voyons-nous, sinon nous allons disparaître à nous-mêmes, on va s'effacer. »

Pourtant, Dieu sait si j'ai cherché à exister aux yeux de mes parents !

Pour plaire, je rapporte des bonnes notes, qui ne sont jamais assez bonnes pour mon père (même quand elles sont dans les meilleures de la classe) mais toujours trop pour mes camarades. Quoi que je fasse, d'un côté ou de l'autre, je n'échappe pas aux coups, que ce soit à la maison ou à la récréation, où les plus costauds sont bien décidés à me faire « passer le goût d'faire le fayot, Beccaro »… « Tare ta gueule à la récré », comme chante Alain Souchon. Jusqu'au jour où un plus grand que moi, Zeitoun, prendra ma défense.

J'aime l'école, c'est pour moi un sas, un endroit où je m'échappe de la maison, où je peux penser à autre chose. Alors tant pis pour les raclées des camarades, je m'applique et me montre un élève attentif. L'école, c'est la seule façon de me distinguer aux yeux de mes parents. À l'époque, à la fin de l'année, il y avait une remise de prix pour les élèves les plus méritants, et cette année de primaire je vois mes bonnes notes récompensées par plusieurs livres, au point que je tiens dans les mains une véritable pile. Je rentre chez moi fier comme Artaban, ma pyramide de livres dans les bras. Comme maman va être heureuse ! Cette fois elle va sourire, elle va me féliciter… Je me tiens à l'entrée du salon et je tends mon trophée vers elle, le cœur battant. « Regarde, maman. » Quel plus beau cadeau puis-je lui faire ? Mais là, elle jette à peine un regard vers ma pile, ma réussite, ma pyramide construite tout au long de l'année, mois après mois, note après note, en bravant le mépris de mes camarades. Un regard, presque indifférent. J'étais si sûr de lui plaire, cette fois… et voilà que tout ça ne veut rien dire ! En moi, tout s'écroule, ma pyramide de livres s'effrite, mon cœur se fendille. J'en éprouve un vrai chagrin, un immense chagrin.

Que faire ? Comment faire ?

Ça ne va jamais…

Des profils comme le mien ne savent pas comment il faut être, comment se comporter. On n'a pas compris, on ne nous a pas appris. Notre solitude d'enfant s'est fichée dans notre cœur, s'est imprégnée dans notre corps. Alors très vite, pour sauver notre peau et survivre tout simplement, nous cherchons une issue, un refuge, quel qu'il soit. Un endroit tranquille où personne ne viendrait nous déranger, une porte de sortie pour apaiser un peu la tristesse de cette vie. Et c'est là, sans doute, qu'un chemin commence.

Les refuges

Enfant, je me sens seul, tellement seul ! Ma solitude est immense, infinie. Alors je me trouve des subterfuges qui seront autant de refuges. Je m'évade, je me rêve partout où je peux. Pour vivre quelque chose. Et je vais beaucoup vivre à travers la musique, la lecture, la chanson, l'écriture. Tout cela me maintiendra debout dans les moments où je suis trop mal en point.

Petit garçon, je me réfugie dans la lecture de mon magazine *Tintin* que j'attends chaque semaine avec impatience ; la bande dessinée, ça me ramène chez les anges. Mes parents n'ont pas encore la télévision mais, assis au pied de mon tourne-disque, j'écoute avec avidité les aventures de Guillaume Tell, de Zorro, d'Arthur et des chevaliers de la Table ronde, et je les vois comme s'ils étaient devant moi, mes héros les plus forts du monde. Je m'imagine à leur image, justicier et homme libre répandant le bien autour de lui. Leur présence imaginaire m'apaise.

Dans la rue, je rêve devant l'immense affiche du film *L'Homme de l'Ouest*, cette conquête de l'Ouest que j'aimerais tant voir au cinéma. Revolver à la main, Gary Cooper y est tellement grand... il occupe toute l'affiche, tout le mur. Quand je serai grand, je serai Gary Cooper ! Et le jour où mes parents achètent une télévision, je m'évade grâce au petit écran, magique à mes yeux car il me relie encore un peu à ma belle vie chez mémère Anna. Tous les mercredis, quand j'habitais chez elle, c'était le rituel tant attendu. Elle m'habillait comme un sou neuf et nous nous dirigions cérémonieusement tous les deux vers le lieu du grand rendez-vous hebdomadaire... chez nos voisins d'en face. M. et Mme Hédouin, fournisseurs exclusifs de « La Piste aux Étoiles ». Quel bonheur ! La télévision était en noir et blanc mais on s'en fichait pas mal. *On venait avec nos couleurs, celles qu'on avait dans le cœur, nos couleurs de la vie, nos couleurs de l'amour,* comme je l'écrirai dans mon carnet.

À l'école, grâce à un camarade de classe fan de bande dessinée, je me prends de passion pour ce garçon dégingandé au pull vert, ce poète des temps modernes créé par Franquin : Gaston Lagaffe. Je gribouille des petits dessins, je m'exerce aux personnages, aux bulles. Je dessinerai toute ma vie et cela me mènera à la peinture, des années plus tard.

À l'adolescence, c'est la musique, bien sûr. Elle prend beaucoup d'importance, avec tous ces disques que j'écoute en boucle avec ferveur, que je connais bientôt par cœur. Serge Reggiani. Julien Clerc, Léo Ferré et particulièrement « Dimanche à Orly » de Gilbert Bécaud qui me colle un cafard pas possible mais qui me va droit au cœur.

> Le dimanche, ma mère fait du rangement
> Pendant que mon père, à la télé
> Regarde les sports religieusement
> Et moi j'en profite pour m'en aller…

Comme j'aurais aimé m'en aller à ce moment-là !

> Je m'en vais dimanche à Orly
> Sur l'aéroport, on voit s'envoler
> Des avions pour tous les pays
> Tout l'après-midi, y a de quoi rêver
> Je me sens des fourmis dans les idées
> Quand je rentre chez moi la nuit tombée*

Il y a tant d'humanité dans ce texte…

C'est la chanson des gens qui n'ont pas les moyens de voyager, de ceux qui restent dans l'aéroport à rêver, le nez collé à la vitre, en regardant s'envoler les avions.

Mon disque d'ado, c'est aussi le mythique album des Pink Floyd : *The Dark Side of the Moon*, véritable ode à l'évasion et à la liberté. Je l'écoute avec une petite lumière tamisée, un bout d'encens, et me voilà parti.

---

* Gilbert Bécaud et Pierre Delanoë, « Dimanche à Orly », EMA BMG, 1963.

La musique, paradoxalement, c'est aussi mon père. Quand il n'est pas sous l'emprise de l'alcool, il peut se montrer un homme formidable. C'est lui qui me fait découvrir des artistes fabuleux comme Jacques Brel, Georges Brassens, Dean Martin, Nat King Cole, Frank Sinatra... Mon père qui, dans ses bons jours, met à fond « Pepito mi corazón » ou « La bamba » du groupe Los Machucambos... Mon père qui chante « That's Amore » par-dessus Dean Martin. Cet amour qu'il vit pourtant si peu, et si mal... À sa façon, il cherche à s'extraire lui aussi de sa condition au travers de la musique, avec le côté glamour, hollywoodien, de tous ces artistes qu'il aime et ces grands orchestres à la Count Basie qui le font rêver.

La télévision, la musique et la radio. Je ne compte plus le nombre de soirs où j'écoute sous l'oreiller les émissions de José Artur et de Christian Barbier, où je m'endors bercé par leurs voix familières, loin à l'époque de me douter que j'intégrerai un jour la radio, à mon tour.

Encore aujourd'hui, l'un de mes plus grands refuges, c'est mon iPhone. Quand je pars en tournée théâtrale, quand je suis dans le train, je discute un moment avec mes compagnons de voyage puis je mets mon casque sur mes oreilles et je fais rentrer la musique dans ma tête. C'est ma façon de m'évader vraiment, de me retrouver. De me réfugier quand je ne me sens pas bien.

Ces petits coins cachés, ces abris secrets, tous les enfants maltraités ont à les trouver tout seuls. Parce que nous ne sommes guidés par personne, ou pas assez, ou trop mal. Nous le faisons pour que quelque chose devienne merveilleux dans notre vie, et nous la rende un peu plus supportable.

« Écrire, c'est hurler en silence », disait Marguerite Duras.

L'écriture est le premier des soulagements à ma portée. À 17 ans, je commence à écrire. Mots jetés sur des bouts de papier, bribes de poèmes ou feuilles noircies de phrases... je hurle ce mal de vivre qui est le mien. Ce si grand mal de vivre me donnant l'impression de mourir à chaque violence, à chaque indifférence, à chaque mot qui me fige et m'enferme. Mes carnets deviennent mes premiers confidents et mes plus grands refuges d'adolescent. Et je n'arrêterai plus jamais d'écrire. Même si personne ne m'entend, ne me lit, j'éprouve le besoin de parler. Me dire, me confier, même si ce n'est qu'à moi, même si je n'en dors pas la nuit.

Car...

C'est la nuit qu'il faut dire les chagrins de la journée
quand les vents ont soufflé jusqu'à tout détruire,
le cœur un peu cassé comme un vase ébréché,
comme les coups de tonnerre qui vous mettent par terre.
C'est la nuit, dans le noir, qu'il faut écrire tout ça
quand personne ne voit notre vrai désespoir.

Ce que j'écris n'est pas joyeux j'en conviens, pas plus que ce que je dessine. Je me souviens notamment de cet homme courbé, écrasé par le poids de l'énorme bouteille accrochée à son dos. Mais l'écriture est salvatrice car elle me permet de me libérer un peu de ce poids écrasant sur ma poitrine. Et, à me relire aujourd'hui, je vois déjà quelque chose qui se profile, un espoir.

C'est au fond du gouffre
Que j'ai vu la lumière
Faut-il donc que l'on souffre
Pour sortir de l'enfer ?
À gratter sur les murs
Mon nom dans tous les sens,
J'ai creusé les blessures
J'ai perdu la patience...
... Enfance

Il y a chez moi, comme chez tous les êtres bousculés il me semble, beaucoup de mélancolie et de nostalgie. Ce que nous n'avons pas eu, nous l'avons imaginé, en nous réfugiant dans ce que nous pouvions : la musique, la poésie, le dessin, le sport, le rêve...

En le pratiquant nous-mêmes, et peu importe le talent – ou non. Écrire, dessiner, chanter, peindre, sculpter... je crois que l'acte créatif enchante la vie et j'y encourage chacune et chacun.

En nous aidant de ces artistes talentueux, poètes, musiciens, chanteurs, peintres, qui n'imaginent pas à quel point ils nous soutiennent dans un chemin de reconstruction. Les chansons m'ont sauvé la vie, en m'apportant de la tendresse, de la bonne humeur, de la joie dans mes moments les plus durs. La poésie, recommandée par mon médecin pour son rythme apaisant, ne me quitte jamais. J'ai toujours dans mon sac de voyage mes trois poètes phares : Rainer Maria Rilke, Christian Bobin et Alexandre Vialatte. Ainsi que Charles Juliet, découvert récemment, et son *Journal* mais aussi *Ces mots qui nourrissent et qui apaisent*, recueil de citations relevées au cours de ses lectures. Les échanges entre les êtres font partie des textes qui m'émeuvent le plus. J'aime les lettres d'amour, d'amitié ou d'art, Albert Camus et Maria Casarès, Édith Piaf et Marcel Cerdan, Théo et Vincent Van Gogh. J'aime les correspondances, à commencer par les *Lettres autour d'un jardin* ou les *Lettres à un jeune poète* de Rilke, encourageant les débuts du jeune poète Kappus, que je lis et relis avec toujours autant d'émerveillement.

> Votre vie, Kappus. Vous rappelez-vous comme cette vie, pour sortir de l'enfance, aspirait à quelque chose de grand ? Je la vois aujourd'hui aspirer à sortir de ce qui est grand pour trouver plus grand encore. C'est la raison pour laquelle elle ne cesse d'être difficile, mais c'est aussi pourquoi elle ne cessera pas de grandir* (lettre du 12 août 1904).

---

* Rainer Maria Rilke, *Lettres à un jeune poète*, Gallimard, La Pléiade, 1993. Traduction Claude David.

Mon nom en haut de l'affiche

Le théâtre sera un autre de mes grands refuges. Hélène, une amie du lycée, m'incite un jour à l'y accompagner. Depuis trois ans, Hélène et moi passons du temps ensemble, elle m'invite chez elle et j'apprécie sa famille. N'ayant pas eu de schéma familial équilibrant, je les trouve tout de suite formidables. C'est un peu une tendance chez moi, comme chez tous ceux, je crois, qui n'ont pas connu de modèle familial structurant : je peux me précipiter sur les premiers parents venus pour peu qu'ils me donnent une impression d'unité, de quelque chose de plus ou moins bien construit. Ce n'est pas toujours une bonne idée, c'est parfois un piège qui risque de nous faire tomber dans une relation étouffante si les parents en question se montrent trop présents, trop pesants. Toujours est-il que, à 17 ans, je découvre ce qui deviendra une autre facette de ma vie et une véritable passion : le théâtre.

La scène traumatique du fusil que je n'ai pu raconter à personne m'a rendu encore plus timide et renfermé que je ne l'étais, me laissant quasiment muet par moments, et Robert Kimmich qui dirige les cours doit sentir rôder mes démons. Considérant le théâtre comme une thérapie, il me confie le rôle d'Horace dans la tragédie de Corneille. Me forçant ainsi à sortir de ma réserve avec un personnage qui tue sa sœur et doit affronter son meilleur ami. Il me faudra apprendre à tenir mon rôle sans agiter mes mains dans tous les sens, en bon Italien que je suis, mais pour la première fois de ma vie, je me sens bien. Terriblement bien sur scène, dans la peau d'un autre, d'un personnage aux antipodes de moi-même. C'est formidable, je peux être qui je veux, un salaud ou un héros, un jeune premier ou un comique. J'entre dans d'autres vies... au risque d'oublier d'entrer dans la mienne, mais peu m'importe à cet instant. Le théâtre me sauve littéralement. Sur scène, miraculeusement, je me sens à ma place, en tout cas je sens qu'il existe à cet endroit une place pour moi. Je vois soudain se dessiner une perspective, alors que jusque-là j'étais incapable de me projeter dans quoi que ce soit.

Quand, à l'école, on me demandait ce que je voulais faire plus tard, je ne savais jamais quoi répondre. La seule chose que j'aurais pu dire, c'était « survivre, sauver ma peau ». Un jour, sur une suggestion de ma mère, j'ai tenté un... « prothésiste dentaire, peut-être ? ». Sans conviction et sans autre idée, surtout pas artistique. Je ne viens pas d'une famille d'artistes. Ma mère est militaire, je l'ai dit, mon père ouvrier spécialisé chez Renault puis concessionnaire automobile dans un garage Volvo. Comment aurais-je pu me rêver comédien ou animateur radio ou présentateur télé ? D'autant moins que Mme Frigo, une maîtresse d'école qui visiblement ne m'apprécie pas, déclare un jour à ma mère : « Thierry n'arrivera à rien dans la vie. » Pas une seconde je me doutais de la carrière que j'allais faire, de ma vie professionnelle à venir que l'on dit réussie (une expression que je n'aime pas trop, qu'est-ce que ça veut dire au juste « réussir sa vie » ?). Aujourd'hui, je crois qu'une vie « réussie », s'il faut garder ce qualificatif, ça ne se décide pas, c'est une alchimie bizarre, un enchaînement de rencontres, d'opportunités, de chance. C'est aussi une posture particulière, une façon de rester à l'écoute des signes de la vie, de s'ouvrir aux autres, de sortir de soi, de ne pas s'enfermer dans sa souffrance. Pour cela il faut de l'aide, et s'aider soi-même à comprendre ce qui nous habite et nous dévore.

À 19 ans, je suis loin d'avoir conscience de cela. Mais je suis déjà rempli de cette ambition commune, je crois, à beaucoup d'êtres mal traités, en quête éperdue de l'amour et de la reconnaissance qu'ils n'ont pas eus. Je veux réussir. Où ? Comment ? Je ne sais pas mais je vais y arriver. « Un jour, tu verras mon nom sur les affiches », voilà ce que je réponds crânement à mon amoureuse de l'époque, qui me fait tendrement cette remarque : « Il y a parfois de la mort dans tes yeux tellement tu es triste. » Oui, j'y crois, « J'me voyais déjà en haut de l'affiche », comme le chante Charles Aznavour. À l'aube de mes 20 ans, je sens que je dois sauver ma peau, satisfaire mon ego, même si je n'aime pas ce mot. Je dois prendre soin de moi tout seul. J'aurais bien aimé me construire avec mes parents, mais ce n'est pas possible, ça n'a pas existé, ça n'existe pas, ça n'existera pas. Alors à un moment donné, il faut se servir soi-même.

L'acte fondateur de ma naissance sera mon entrée à la Maison de la Radio. Paradoxalement, c'est mon père qui m'y introduit en me trouvant un stage grâce à un de ses clients chez Volvo. Moi qui ne veux plus rien de cet homme qui m'a fracassé, je suis d'abord furieux qu'il intervienne dans ma vie. C'est mon premier réflexe, avant d'accepter le travail qui va me permettre de gagner ma vie et de quitter le domicile parental.

Mon travail consiste à relever les titres des musiques passées sur France Inter pour que les droits soient reversés à leurs auteurs. La nuit, je travaille à la Maison de la Radio et, le jour, je suis pion dans deux lycées. Là, je vais avoir un véritable coup de foudre pour la musique et pour ce travail.

Et surtout, je peux enfin partir et trouver mon premier havre de paix.

Ce sera une petite chambre de bonne, en rez-de-chaussée à Meudon. Un lit, une table, un réchaud pour mes cafés au lait (très mauvais pour la santé, ces caffè latte me créeront des problèmes plus tard), un lavabo, mon tourne-disque pour écouter ma musique, la douche commune sur le palier… Je découvre le bonheur d'être chez moi, seul, et je vis une liberté étrange, sans trop savoir où je vais. Au retour de mes vacations de nuit à la Maison de la Radio, je profite du bonheur de regagner ma chambre à 7 heures du matin et de me glisser dans des draps frais. Quel plaisir incroyable ! Quel bien-être à cet instant ! J'aime cette sensation de vivre en décalé des horaires classiques de travail, comme à la marge. Pourtant, sans m'en rendre compte, je reste fixé au domicile parental. J'ai pris mon « indépendance », comme on dit, mais le mot est bien grand. Je me suis éloigné de trois rues seulement de mes parents, installés à Meudon depuis quelques années, et un cordon invisible me relie toujours à eux. Je ne me sens pas libéré. Sans me l'avouer, je promène encore le traumatisme de la scène du fusil et toutes les peurs ancrées de mon enfance, ce fameux venin qui mettra des années à se dissoudre et qui, au bout du compte, ne disparaîtra jamais complètement. J'ai beau avoir quitté le domicile de mes parents, mon esprit et mes pensées restent fixés sur eux, dans une inquiétude permanente, à me dire : « J'espère que ça va bien, que tout se passe bien. »

Mon indépendance m'incite ou m'oblige tout de même à couper les ponts avec la famille. Ont-ils compris cette décision ? Je ne sais pas. Mais qu'ils me pardonnent si je les ai blessés. Je vois très peu mes parents et plus personne du côté de ma mère comme du côté de mon père. Je ne veux plus avoir à prendre parti pour l'une ou l'autre des familles, je n'ai pas envie qu'on me reproche d'en aimer une plus que l'autre.

La seule personne qui m'importait, ma mémère Anna tant aimée n'est plus là ! Alors je coupe même les quelques liens que j'ai avec ma sœur. Valérie et moi avons grandi sous le même toit mais j'ai l'impression d'avoir vécu à côté d'elle, et pas avec elle. Je n'ai pas pu être le grand frère de ma petite sœur car j'en ai été responsable trop tôt, trop jeune. Et elle n'a jamais subi ce que j'ai subi, je m'en réjouis évidemment, mais cette différence de traitement nous a éloignés l'un de l'autre. À ce moment-là, je n'ai pas encore fait le travail d'analyse nécessaire pour comprendre pourquoi j'étais le seul destinataire de la colère paternelle.

Contrairement à moi, Valérie n'a jamais eu peur de mon père, qu'elle a jugé très sévèrement, oserais-je dire qu'elle ne le portait pas dans son cœur ? Ce n'est que maintenant, avec la dépendance de ma mère placée en Ehpad, que nous nous rapprochons un peu, elle et moi. Mais moi, dans cette famille ? J'ai toujours cette impression que je ne suis pas né au bon endroit.

Où je découvre
que je ne suis pas seul

La Maison de la Radio, c'est immédiatement un nouveau choc. J'aime ce que j'y fais avec passion. Après le théâtre, c'est un autre endroit où je me sens complètement à ma place. La musique, mon refuge depuis toujours, devient mon travail quotidien et j'ai un véritable coup de foudre pour toutes ces chansons passées sur les ondes dont je note les références pour le service de versement des droits d'auteur. Je parle aux uns et aux autres, je m'intéresse à tout ce qui m'entoure, je me sens bien, je suis heureux dans cet univers.

Et bientôt, je ne m'en rends pas compte sur le moment mais avec le recul ça me semble évident, la vie m'envoie un message, ou plutôt une messagère en la personne de Macha Béranger. Je vis alors avec Hélène une belle histoire, notre amitié s'est changée en amour et nous nous apprêtons à partir en vacances cet été-là lorsque Jean-François Remonté, le réalisateur de l'émission de nuit « Allô Macha », me propose de remplacer presque au pied levé l'assistant de Macha

Béranger. Jean-François avec qui j'ai déjà travaillé a repéré mon envie de rester à Radio France. Mon rôle ? Du lundi au vendredi, de minuit à 2 heures du matin, je dois sélectionner les appels téléphoniques des auditeurs et auditrices désireux de parler à la grande dame, la confidente des « sans-sommeil », comme elle les appelle. J'ai deux jours à peine pour répondre, je sens que c'est une chance unique, j'hésite, ça veut dire sacrifier les vacances promises à Hélène, en même temps j'entends résonner la sentence de Mme Frigo : « Thierry n'arrivera à rien dans la vie », je veux faire mentir ce genre de pronostic. Soutenu par la compréhension d'Hélène, j'accepte le poste.

Et je découvre un monde. Angoissés, solitaires, malades, déprimés... ceux qui appellent Macha sont souvent dans une nuit profonde. Chacun d'eux me touche et je les écoute tous, même rapidement, surtout si je ne passe pas leur appel à Macha. Pour l'avoir vécu, je sais tellement combien la nuit décuple les peurs, les sentiments, les pensées ! Leur souffrance me va droit au cœur, elle me renvoie à mes 6 ans dans l'appartement du onzième étage, quand je restais seul la nuit avec ma toute petite sœur, à guetter le retour de mes parents. Si je m'écoutais, je passerais 100 % des appels, sans distinction. « Mais tu veux déprimer tout le monde ! », me dit Macha en me demandant de sélectionner de temps à autre un appel un peu plus léger. C'est plus fort que moi, je m'attache à chacun de mes interlocuteurs. Il y a même des habitués, comme cette Geneviève de la

Croix-Rouge. Elle appelle régulièrement, souvent plusieurs jours de suite, en me disant : « J'ai pris trois Valium, cette fois si je ne parle pas à Macha ce soir, Thierry, c'est la fin. » À 3 heures du matin, je rentre chez moi désespéré, en me disant que j'ai au moins trois morts sur la conscience. Et puis le lendemain, à minuit, quand le standard se rallume, je retrouve Geneviève au bout du fil. On parle, on finit par se connaître un peu. Je l'aurai presque quotidiennement au téléphone pendant deux ans.

Si je dis que Macha est une messagère envoyée par la vie, un de mes Anges, c'est que ces deux mois avec elle m'ont appris une chose essentielle : je découvre soudain que je ne suis pas le seul à souffrir. Je me croyais seul au monde et voilà que d'autres gens ont connu et connaissent le malheur, et certains sont beaucoup plus malheureux que moi. Quand je quitte le standard à 3 heures du matin, je me dis : « Moi, c'est peanuts, ce que j'ai vécu. Ce n'est rien par rapport à ce que j'ai entendu. »

En écoutant les autres, je sors de ma solitude. Sans le savoir, car tout ça est encore inconscient, mon empathie et ma bienveillance envers les autres, et particulièrement ceux qui souffrent, me conduisent sur le bon chemin.

Car la maltraitance dans l'enfance peut entraîner deux types de réactions, à l'opposé l'une de l'autre. Elle peut pousser quelqu'un à s'incarner dans un désir de revanche quand on se dit qu'on en a suffisamment bavé, que maintenant on va réussir et que les autres vont voir ce qu'ils vont voir, quitte à marcher sur les pieds de quelques-uns. Mais elle peut aussi nous conduire vers la bienveillance, quand on choisit de se servir de ce qu'on a vécu de douloureux pour aider les autres, pour accueillir et comprendre la souffrance des autres, et si possible la soulager un peu.

Sans réfléchir, par intuition, par nature, j'ai opté pour la deuxième réaction. Et la vie n'aura de cesse de m'emmener vers les autres jusqu'à me faire ambassadeur des droits de l'enfant à l'Unicef en 2020. Je réalise seulement maintenant que le premier pas dans ce chemin a sans doute commencé un peu avant « Allô Macha », dès mes 17 ans. Ce jour où, juste après la scène traumatique du fusil, je prends rendez-vous avec… un addictologue. Pour quoi au juste ? Qu'espérais-je ? « C'est formidable, ce que vous faites, m'avait gentiment répondu le médecin, mais je ne peux rien faire pour vous. C'est votre papa qui doit venir me voir pour parler de sa relation à l'alcool. » Je n'avais évidemment rien dit à personne et mon geste s'en est tenu là. Avec le recul, je trouve ma démarche courageuse, et pleine d'amour. Ce jour-là, j'ai fait l'inverse de ce dont je rêvais, de ce vase fracassé sur la tête de mon père : j'ai décidé de l'aider.

Je ne suis pas dans la revanche, je ne veux pas y être et je crois ne jamais y avoir été. Non seulement ce serait une façon de reproduire sur d'autres la violence vécue, mais ce serait aussi une manière de continuer à se blesser soi-même, en retournant les coups contre soi. La rancœur empêche d'avancer. Notre tentative de reconstruction, notre résilience, ne doit pas faire de nous, le peuple des enfants maltraités, des êtres envieux, jaloux ou amers.

Mais comment avancer quand on ne sait pas où aller ? Les enfants confits dans la peur peuvent devenir des adultes perclus de douleurs et de doutes, sachant à peine mettre un projet devant l'autre. Une enfance comme la mienne, comme celle de beaucoup d'autres, c'est une enfance sans guide. On ne m'a rien appris. J'ai dû me débrouiller seul dans ma vie personnelle et professionnelle. Aujourd'hui, après trente-cinq ans de carrière, je m'aperçois que j'ai toujours avancé comme ça, avec mes petites mains, en ramant sur ma petite barque, toujours avec bonne humeur, le sourire aux lèvres, comme un enfant fait un pas après l'autre et se dit : « C'est génial. » Sans savoir où j'allais, mais comme porté par une force insoupçonnée agissant à mon insu pour me permettre de mettre un pied devant l'autre, jusqu'à ce que je comprenne, un jour, qu'il est possible de réussir, possible d'y arriver. C'est ce que le neuropsychiatre Boris Cyrulnik, grand spécialiste de la résilience, appelle le flair et que je nomme l'intuition. Cette intuition dont je noircis mes cahiers, ces mots qui disent peut-être déjà ce que j'ignore encore. Et qu'il faut savoir laisser parler. Une intuition comme une fulgurance. Comme si un voyage avait commencé en silence, à l'image de ce bateau qui change de rive dans mes rêves.

Ma résilience à moi

De l'autre côté de la rive, il y a un bateau qui s'en va. Quel bonheur pour lui, quelle chance. Où va-t-il ?

Pourquoi quel bonheur ? Qu'en sais-je ? Sais-je si le commandant de bord est heureux de quitter cette rive ? Sais-je où il va ? Peut-être quitte-t-il une princesse, une idylle, peut-être abandonne-t-il une passante qui l'aimait parce qu'il passait ?

Je n'en sais rien.

Je ne sais qu'une chose : de l'autre côté de la rive, un bateau est parti.

Autodidacte de l'amour…

Mes débuts en amour ont été timides, ratés.

Adolescent, j'ai du mal à séduire, je ne sais pas comment m'y prendre. Je n'ai aucune confiance en moi, même si, à 16 ans, je reçois une grande déclaration d'amour de la part d'une amie du lycée, une longue lettre de cinq pages se concluant sur cette phrase magnifique et grandiloquente : « Tu seras mon dernier voyage. » Je ne sais pas si je suis son dernier voyage, mais en tout cas il est fort bref. Je me fais larguer au bout de huit jours ! Je prends alors l'une des rares cuites de ma jeunesse. À midi, je bois tout ce qui traîne dans le bar de mes parents, du Guignolet, du Byrrh, du porto… le mélange me laisse nauséeux, à moitié endormi l'après-midi dans la salle de cours où se déroule fort heureusement ce jour-là un exposé d'espagnol, à rideaux tirés.

En dehors de cette (més)aventure amoureuse, je garde de mon enfance un tel sentiment de solitude qu'il m'empêche de séduire ou de m'ouvrir à l'autre de ce que je ressens. Une fille pourrait peut-être m'écouter mais, si elle n'a pas de réponse à m'apporter, je vais rester dans la même solitude ou bien alors elle sera embarrassée ou alors elle me répondra : « Tu sais, c'est compliqué pour tout le monde. »

Alors à quoi bon ? Je me fais l'effet d'être, comme le chante Gainsbourg, un « aquoiboniste, un faiseur de plaisantristes ».

Au lieu de prendre la main des jeunes filles qui me plaisent, je leur raconte non pas les coups mais je laisse affleurer le fait je suis un grand mélancolique, avec des difficultés familiales, que ma vie n'est pas simple. Je leur fais part de mes tristesses, je leur fais écouter du Chopin, je passe en boucle le 33 tours de Jean Ferrat chantant Aragon et ses si beaux vers d'amour :

> Je t'ai cherchée au bout des chambres
> Où la lampe était allumée
> Nos pas n'y sonnaient pas ensemble
> Ni nos bras sur nous refermés
> Que sais-tu du malheur d'aimer*

Je leur récite du Musset...

> Quoi qu'il m'advienne
> Je ne sais où va mon chemin
> Mais je marche mieux quand ma main
> Serre la tienne**

---

* Louis Aragon, « Chanson pour Fougère », *Le Voyage de Hollande*, Seghers, 2005.

** Alfred de Musset, « À mon frère revenant d'Italie ».

Je les regarde avec tant de tristesse dans les yeux... et, je les comprends maintenant, beaucoup se tournent vers d'autres garçons, plus gais, plus entreprenants. Je rentre de ces fiascos sentimentaux frustré et solitaire dans ma petite chambre, en me traitant d'abruti, accablé d'être qui je suis.

Arrête avec ce doute qui te ronge. Éclate ! Éclate de toi-même. Brise tes angoisses. Aime ! Aime mieux que ça. À t'en faire péter le cœur, le sexe, les tripes.

Dans mon carnet, je m'exhorte à exploser, en vain. Je n'y arrive pas. Dans ma vie affective et intime, je suis un autodidacte de l'amour. L'amour, j'en rêve, mais je ne sais pas à quoi ça ressemble. J'en ai eu tellement besoin, j'ai tellement attendu, enfant, qu'on me dise « je t'aime ». Chez moi, on ne parlait pas d'amour. On ne se le disait pas, j'ignorais même s'il existait à mon égard. Un jour, enfant, j'ai eu un malaise et j'ai dû rester au lit. Ce devait être un sacré malaise car on ne s'écoutait pas à la maison, on n'avait pas le droit d'être malade. Un médecin est venu, une femme, qui m'a ausculté et m'a questionné un peu. Je ne me souviens plus sur quoi mais elle était assez psychologue, semble-t-il. Après son départ, ma mère est venue me voir dans ma chambre et elle m'a dit, étonnée : « Alors il paraît que tu as l'impression qu'on ne t'aime pas ? »

Quoi répondre ?

Que dire à mon père qui, pour se faire pardonner sans doute, me tend un jour un cadeau d'un geste brusque : « Tiens ! Et après tu diras qu'on ne t'aime pas. » Je ne me souviens plus quel était le cadeau, seule sa phrase m'est restée.

L'amour, un simple mot, sans inscription réelle dans la vie.

Un mot incompréhensible qui m'empêche de parler d'amour à quelqu'un, mais aussi de l'entendre.

Si on me dit « je t'aime », tout d'un coup ces mots me font peur. Comme le jour où cette jeune fille me dit, émue : « Mais qu'est-ce qui nous arrive ? » On vient de se rencontrer, on se connaît à peine ou si peu et déjà il est question de quelque chose d'important « qui nous arrive »... sa phrase me paralyse littéralement, comme toutes les phrases définitives. Je ne sais pas ce que ça veut dire. Tous les mots que je n'ai pas entendus me surprennent. Parce que personne n'a mis de mots sur les émotions lorsque j'étais enfant, adulte, j'ai du mal à les prononcer. Et même si je le faisais, si je prenais le risque de dire à une femme « je t'aime » et que ce n'était pas réciproque, ce serait direct le chagrin d'amour et la tristesse. J'ai été trop triste enfant, je ne veux plus de cette tristesse...

J'ai trop peur d'attendre...
aurais-je trop attendu un jour
trop attendu maman
qui ne rentrait toujours pas ?
Je ne veux pas attendre... personne
pas même un train, un avion, un chien
... je t'ai espérée si longtemps l'autre nuit

Je me méfie des mots. Ils sont comme du cristal, à la fois fragiles et solides. Souvent, j'ai envie d'exprimer des sentiments mais je n'arrive pas à les formuler. J'ai peur de ce qui va sortir de ma bouche, peur que ces trois mots « je t'aime » m'emprisonnent, peur de m'entendre dire en retour : « Ah ! tu vois, tu l'as dit ! »

Que ce soit dans la relation amoureuse ou dans le travail, la maltraitance provoque ça.

Alors je ne parle pas d'amour, ou alors sur mon carnet.

Quelques rendez-vous ratés, des trains manquants à l'arrivée,
Et je cherche des grilles aux barreaux rouillés, des châteaux oubliés
Je cherche...
Un vent me souffle sur la peau
Que je te reverrai bientôt
Malgré les bateaux qui dérivent
J'arrive...
Il se peut que mes yeux se voilent
À te chercher dans trop d'étoiles.

Avant Hélène, j'ai quand même vécu une première grande histoire. Elle s'appelle Mathilde. Je suis aux Éclaireurs de France et j'encadre un séjour de jeunes dans le Jura. J'en suis le responsable, Mathilde l'une des animatrices. Nous avons un coup de cœur réciproque, je lui fais ma déclaration lors de la boum de fin de séjour mais Mathilde n'est pas libre, elle est déjà en couple. Première grosse désillusion et j'en conçois un chagrin épouvantable. Je vis son refus comme un rejet me renvoyant douloureusement au manque d'amour de mon enfance.

Ce premier grand amour va provoquer un tsunami. À cette époque, je n'en connais pas encore la définition mais j'en découvrirai très vite les effets dévastateurs.

Il me tombe dessus un soir de représentation théâtrale, à l'issue d'un spectacle que j'ai mis en scène à Ville-d'Avray dans un des lycées où je suis pion : *La Chanson des gueux* de Richepin. La veille, Mathilde m'a encore dit qu'elle m'aimait mais qu'elle restait avec son autre amoureux, creusant un peu plus mon chagrin déjà immense. Le même jour, les Pays-Bas, l'une des plus grandes équipes de football, perdent la Coupe du monde. Moi, le passionné de sport, je suis anéanti par la défaite de ces champions, de ces immenses footballeurs ! Mathilde me rejette, mes héros sont terrassés... le soir du spectacle, la représentation se passe bien, c'est un succès, mais à peine est-elle finie que je commence à sentir des fourmis dans mes mains. Peu à peu, les fourmillements envahissent mon corps tout entier, ça crépite de partout, dans tous mes membres, et soudain je tombe raide à terre. Impossible de respirer. Autour de moi, c'est l'affolement. Le médecin appelé en urgence arrive et tout de suite il s'écrie, en préparant une piqûre de Valium : « Ah, ça, c'est une bonne crise de tétanie ! »

C'est ma première crise, il y en aura bientôt une autre. Ça commence par un léger malaise, puis ça grandit, la spasmophilie s'installe, les fourmillements envahissent mon corps et le summum est atteint avec la crise de tétanie, tous les muscles du corps se contractent et les mains se referment comme des pinces. On appelle ça les mains d'accoucheur. C'est toujours déclenché par quelque chose, qui n'est pas forcément important, ça peut aussi relever d'une déception presque anecdotique, une contrariété, comme ce jour de printemps à Lannion. Je suis venu voir des copains et je me balade seul dans la ville lorsque je remarque en vitrine une magnifique paire de chaussures blanches avec des semelles en bois. J'ai un coup de cœur et j'entre pour les acheter. Il n'y a pas ma pointure. Sur le coup, je suis vraiment très triste, très déçu. La journée passe et le soir, de retour à mon hôtel, sous la douche soudain les filets d'eau sur ma peau font comme des picotis, les fourmis reviennent et commencent à gagner tout mon corps. Je sens la crise arriver. Paniqué, je me rhabille et je descends à toute allure dans le hall de l'hôtel prévenir la réceptionniste : « Je suis en train de faire une crise de tétanie, appelez un médecin. » J'ai juste le temps d'ajouter avant de tomber à terre : « Et s'il vous plaît, ne restez pas tous autour de moi, ça m'angoisse encore plus. » Pourquoi cette paire de chaussures m'a-t-elle fait cet effet, car je sais qu'elle est à l'origine de ma crise ? Je la trouvais d'une élégance extraordinaire, mais pourquoi cette compulsion ? Frustration ! Et pourquoi le fait de ne pas obtenir ce que je désire me renvoie-t-il à un vide si abyssal, au point de me rendre aussi malade ? Je ne saurai jamais exactement ce qui s'est joué en moi ce jour-là, je sais juste maintenant pour l'avoir compris en analyse : la compulsion, qu'elle soit d'achat ou d'autre chose, ne remplit rien. C'est juste une décharge pour ne pas exploser, ou alors une défense contre une angoisse.

À l'époque, toutes les contrariétés, tout ce qui m'encombre et que je n'arrive pas à définir peut se transformer en spasmophilie. Certains ont des migraines, d'autres des brûlures d'estomac, moi, c'est comme si ça ne circulait plus dans mon corps et mon esprit. Il y a comme un embouteillage à l'intérieur. Au sens propre comme au sens figuré. D'ailleurs, ça m'arrive souvent en voiture, tout à coup les fourmis m'envahissent, mes mains se raidissent et je suis obligé de m'arrêter. Je dois sortir de mon véhicule, j'étouffe, il me faut marcher. La spasmophilie, cette grande alliée de la fatigue et du manque de calcium, est aussi (et surtout) celle des soucis et des choses refoulées. C'est comme si le corps parlait et me disait : « Exprime-toi, trouve la raison pour laquelle tu ressens ça. »

Je le sais à présent. Ce qui me sauve dans ce cas, c'est de me détourner, de trouver un itinéraire *bis*. Il faut emmener mon cerveau ailleurs. L'irriguer en détournant mon regard, en marchant, en parlant avec quelqu'un, en m'occupant à autre chose.

À cette époque, je n'ai pas assez cheminé en moi, je ne comprends pas que mon enfance m'égare. C'est elle qui me revient en pleine face et déforme la réalité. Si Mathilde ne me choisit pas, ce n'est pas parce que je ne suis pas assez bien pour elle, c'est parce que l'autre garçon qu'elle aime lui correspond davantage. Ils ont davantage de choses en commun, voilà tout, et ça ne me rend pas moins bien que lui. Mais ma quête éperdue d'amour trouble ma perception. J'en ai tellement manqué que je voudrais être aimé de tout et de tout le monde : de Mathilde, de ma voisine, de mon professeur, de mon ours en peluche…

Toute ma vie va être placée sous le signe de cette perception troublée. Et elle me conduira même sur les chemins des addictions, à commencer par celle aux comprimés chimiques.

Dès ma première crise de tétanie, à 21 ans, je deviens littéralement un Père Médicament.

Le médicament

Le médicament, c'est un soulagement. Ça fait fuir la souffrance, c'est consolateur. En parlant de mes hauts et de mes bas, mon médecin généraliste m'a prévenu : « Il faut vous y faire, vous êtes fait comme ça. Votre nature et ce que vous avez vécu font que vous vivez avec intensité, en passant de moments de joie intenses à des phases de tristesse plus marquées. » Dans ces phases sombres, je me tourne vers les tranquillisants. Les comprimés de Lexomil, de Témesta et autres anxiolytiques… même si ce n'est pas le bon chemin, c'est un de ceux que j'emprunte.

Je me souviens de ce reportage pour Radio Bleue sur le gavage des oies, dans le Périgord. On est dimanche, c'est la fin de journée, j'ai fini mes interviews à la ferme et je dois rejoindre la gare de Périgueux. Je monte dans la voiture de location et je me lance dans la campagne périgourdine. Mon train part à 22 heures, il commence déjà à faire nuit et il me reste 100 kilomètres à faire quand les fourmis envahissent mon corps et ma bouche. La crise s'annonce. Paniqué, je m'arrête tous les 3 kilomètres pour reprendre mon souffle. Je cherche, en vain, les lumières des maisons, la campagne est déserte, je prends un quart de Témesta, j'essaie de me calmer puis je reprends la route, je roule, je m'arrête, de nouveau le souffle coupé, je respire du mieux que je peux, je me dis encore un effort, plus que 60 kilomètres, je reprends un quart de Témesta, si seulement une maison pouvait m'apparaître, une lueur qui me permettrait de trouver un peu d'aide, un peu de présence, mais non... c'est la nuit noire, et s'il m'arrive quoi que ce soit... Plus que 20 kilomètres. Au quatrième quart, j'ai pris le comprimé entier. Je fais tout le trajet de cette façon, pétri d'angoisse, tâchant de garder à distance les fourmis qui me bouffent, ne rêvant que de m'assommer. Quelle souffrance ! Pour finir, j'arrive enfin dans le train-couchettes où je m'écroule, épuisé comme après un marathon, en ayant dépensé une énergie insensée et avec l'impression d'être tombé dans un gouffre sans fond. Rassuré par l'ébranlement du train qui démarre, sombrant enfin dans la douce torpeur des comprimés avalés, bercé par le bruit consolateur des wagons sur les rails, comme autrefois chez ma grand-mère. Comme j'aime les trains-couchettes et comme j'ai été heureux d'apprendre, en juin 2021, qu'ils seraient rétablis ! Ils sont mon refuge de bonheur.

Le plus souvent, mon seul recours pour faire face à mes malaises, c'est le médicament. Pour aller moins mal, pour oublier, pour dormir. Le médicament m'enveloppe et me rassure, comme une seconde mère.

Et même aujourd'hui, après avoir fait un travail pour comprendre ce qui se passe, quand ma fragilité reprend le dessus sur ma compréhension, quand je suis fatigué et que je n'ai plus la force de lutter, il m'arrive de penser que je pourrais retomber dans cette addiction aux médicaments qui a accompagné ma vie d'adulte. En tout cas, je n'en suis pas complètement débarrassé, moi qui me promène toujours avec une boîte de Lexomil dans ma poche et qui peine à m'endormir sans un petit comprimé.

Dormir avec un somnifère
Histoire de plus s'en faire
Et plonger dans la nuit
Sans faire de bruit
Glisser dans un lit de velours
Avec ou sans amour
Et partir doucement
en rêvant ;
Flotter dans l'univers doré
Des princes et des fées.

Je comprends qu'on puisse être tenté d'abrutir sa souffrance avec des cachets, au point parfois d'avoir envie d'en finir et de songer à un aller sans retour. Mais je crois aussi que, si on ne se sent pas bien quelque part, il faut trouver le moyen de partir, et pas de cette façon-là. Personnellement, je ne suis pas suicidaire et je préfère prendre des allers-retours pour les refuges que je me suis créés (toujours mon goût pour les trains et leurs allées et venues sans doute). J'entre dans mes autres univers, dans mes cocons à moi : la musique, la radio, la poésie, la peinture, pour mieux revenir ensuite. Je crois aussi à la vie... à la vie et à ses signes, ses messages, son inattendu. Dans toute vie, il y a de la magie.

Et ce que nous traversons de mauvais peut nous servir un jour à aider l'autre. J'en ferai l'expérience, quelques années plus tard. À l'issue d'une représentation de *Boeing Boeing,* une jeune spectatrice fait un violent malaise dans la salle de théâtre vide. Rien qu'à la voir, je reconnais immédiatement ma vieille compagne des mauvais jours, la spasmophilie. Ce jour-là, parce que je suis passé par là, je sais quoi faire. Je m'approche, je m'assieds à côté d'elle, je lui souris et je la fais parler. Je cherche à l'extraire de l'angoisse qui l'étreint, à détourner son attention, à la placer dans une autre pensée. Je lui demande : « La pièce vous a plu ? » Elle acquiesce. J'essaie un peu d'humour : « J'espère, parce que si je n'ai pas été drôle, je vous incite à demander le remboursement. » Et ainsi, de fil en aiguille, de mot en mot, je l'éloigne de ses démons. Peu à peu, sa crise s'apaise.

Ce que j'ai vécu est devenu une force qui me permet de l'aider. Et j'en suis heureux car tout ce que je n'ai pas reçu enfant, tout ce que j'aurais aimé qu'on me donne, comme les écureuils j'en ai fait provision dans mon cœur au fur et à mesure, et je m'en ressers pour les autres. Le remède n'est pas toujours efficace, mais je tente toujours d'aider quand je peux.

Ma relation au médicament a ceci de positif qu'elle m'a transformé en une sorte de trousse de secours ambulante. Un mal d'estomac ? Une migraine ? Une difficulté à digérer ? Une gueule de bois ? J'ai tout sur moi et j'en ai dépanné plus d'un ! Dans mon entourage privé et professionnel, en Père Médicament, je suis connu comme le loup blanc. Au point que j'aurais pu devenir visiteur médical. Récemment, j'ai fait un voyage en train au côté d'un groupe de visiteurs médicaux. Ils se faisaient goûter les uns les autres les derniers sirops contre la toux de leurs laboratoires et ils en parlaient comme d'un bon vin ! « Il est un peu amer », « il roule en bouche », « il est un peu trop sucré »... Je les écoutais, fasciné. Pour un peu, je me serais fait embaucher... J'aurais sans doute été un excellent visiteur médical !

Première prise de conscience

Une enfance bousculée, ça vous fait des adultes en vrac. Des êtres morcelés, des adultes puzzle, occupés par des morceaux d'enfance qui ressurgissent sans crier gare et prennent soudain toute la place. Sur un seul geste, sur un simple mot, les voilà de nouveau, ces démons. J'ai tout juste 25 ans et j'ai peur de tout : de l'eau, de l'avion, de la nuit, de la maladie, du brouillard… La liste de ce qui ne me fait pas peur est moins longue à tenir.

« Cette fois, Thierry, les médicaments, ça ne suffit pas, me dit mon médecin, il faut aller voir quelqu'un. Je peux vous recommander un psychanalyste. » J'accepte, contraint et forcé, je sens bien que je ne peux plus continuer comme ça. C'est un premier pas, non pas vers une analyse mais vers une psychothérapie comportementale. Un premier pas qui ne suffira pas. Mais c'est le début de ma prise de conscience.

Je prends rendez-vous avec Dr Lacassin à Ville-d'Avray, dans la clinique où il exerce, un château entouré d'un parc, avec des fenêtres à barreaux. Avant d'arriver, je tourne pendant une heure en voiture et les fourmis m'envahissent, mes mains deviennent de plus en plus dures. Je crains la crise de tétanie. Tandis que je patiente tant bien que mal dans la salle d'attente, une femme se tourne vers moi, implorante : « Pourquoi je peux pas avoir de bébé, moi ? » Comme pour les personnes appelant Macha la nuit, je découvre des gens qui ont l'air d'aller beaucoup plus mal que moi. Pour certains, leur souffrance semble insondable. Je me dis que je vais être une récréation pour le Dr Lacassin.

Il ouvre la lettre de recommandation de mon médecin et je lui parle de ma crise qui s'annonce.

« C'est chaque fois pareil, dès que je suis en voiture, je fais de la tétanie. Il faut que je m'arrête et que je marche pour que ça circule.

— La voiture, c'est quoi pour vous ? me demande-t-il.

— La voiture, c'est mon père. »

Mon père qui vend des voitures.

Ma réponse est sortie toute seule. Et comme par magie à l'instant où je prononce le mot « père », mes fourmis disparaissent !

C'est ma première révélation : un simple mot peut tout changer. Lorsqu'ils sont enfin prononcés, certains mots agissent comme de puissants révélateurs, capables de lever brusquement le voile sur un aspect important de notre vie.

La seconde, c'est de découvrir l'existence de la chape paternelle. Cette oppression permanente au-dessus de moi qu'une phrase, un geste, une odeur suffisent à réveiller. Le Dr Lacassin m'aidera régulièrement à comprendre d'où viennent mes peurs et, par là même, comment en contenir certaines.

Je joue au théâtre *Un fil à la patte*, vaudeville de Feydeau où je tiens le rôle du séducteur Fernand de Bois-d'Enghien. J'ai très peur de faire une crise de spasmophilie sur scène et j'en parle au Dr Lacassin. Il commence par me sonder.

« Est-ce que ça vous fait plaisir de jouer ce rôle et cette pièce ?

— Bien sûr.

— Personne ne vous met un couteau sous la gorge pour vous obliger à jouer ?

— Non, bien sûr que non. »

Et cette remarque, toute simple, m'éclaire brusquement :

« Alors, Thierry, pourquoi voulez-vous faire une crise de spasmophilie ? »

En effet, pourquoi ? Je comprends alors qu'il me faut sortir de moi, que je n'ai pas de raison de faire une crise. Et quand un soir de spectacle les fourmis s'inviteront, je repenserai à notre dialogue, au plaisir de jouer et, depuis la coulisse, je me dirai : « Tu n'es pas Thierry Beccaro, là, tu es Bois-d'Enghien, parce que tu en as envie. Et Bois-d'Enghien est un coureur de jupons fini, il ne fait pas de crise de spasmophilie, lui. Il n'a pas d'état d'âme. »

Ce soir-là, en entrant en scène, les fourmis étaient parties. Merci Feydeau !

Mettre des mots sur ce qui nous arrive, verbaliser ce qu'on ressent… Je comprends toute l'importance de parler mais, en dehors d'un dialogue avec moi-même dans mes carnets, je n'y arrive pas sans aide. Comme ce jour où je suis confronté à l'une de mes plus grandes peurs. Ce soir où je regarde un film, je me souviens encore, c'est *Un roi à New York* de Charlie Chaplin, et soudain Hélène se tient devant moi, grave. Avec un drôle d'air et beaucoup d'hésitation.

« Je suis enceinte », m'annonce-t-elle finalement. Enceinte. Le mot m'assomme littéralement, c'est un véritable choc. Je ne veux pas d'enfants, je transporte déjà mon propre désarroi d'enfant… Mais pour elle, il n'est pas question d'avortement. Je me sens trahi. Je ne parviens pas à parler à Hélène, je ne lui dis pas les peurs qui m'envahissent à cette annonce. Je prie seulement, en secret, que cet enfant soit une fille. J'ai tellement peur de reproduire sur un garçon la maltraitance que j'ai subie. Je pense la répétition inévitable.

Les grandes émotions me laissent muet, et je noircis mon cahier de tout ce que je tais.

Ce soir, j'ai cru que la nuit tombait sur ma vie… je ne veux pas être père… elle veut de toutes ses forces un petit bébé… qui grignote la vie des adultes que nous avons bien du mal à devenir… le coup de poing ! la massue ! le K.-O. *sur ma tête d'enfant de* 27 *ans… J'en veux pas… ma tête n'en veut pas, mon cœur n'en veut pas, mes mains n'en veulent pas… Je ne veux plus rien… et me voici face à mon démon, je ne peux plus parler… impossible de réagir…*

merde... on était bien tous les deux, non ?... je hurle tout ça au vent qui me secoue l'âme, les tripes... et rien ne sort de ma bouche silencieuse de colère rentrée...

Rien ne sort. Je ne dis rien. Je reste avec Hélène, bien sûr, mais l'inquiétude grandit en moi. Jusqu'au jour de la naissance. Pauline vient au monde un beau mois de juillet 1984. Elle est adorable et, tout de suite, mon cœur de jeune papa fond devant sa petite fille.

Rapidement pourtant, je me trouve face à une difficulté : j'ai beaucoup de mal à la prendre dans mes bras. Je ne connais pas ces gestes. Ma mère ne me prenait presque jamais dans ses bras et, quand elle le faisait, je m'y refusais. Le refus, c'était le reproche de son absence... Parce que je n'ai pas reçu la tendresse, je ne sais pas la donner.

Quand j'expliquerai ça au Dr Philippe Gérard qui me suivra plus tard, je serai le premier surpris par un mot étrange s'invitant dans ma bouche.

« J'avais peur de lui faire mal, j'avais du mal à la prendre dans mes bras. Ça me faisait comme si je tenais un insecte.

— Vous savez quelle est l'anagramme d'insecte ? me demandera-t-il. C'est inceste. »

Insecte/Inceste. J'en resterai bouche bée. Le Dr Gérard me rassurera aussitôt :

« Vous savez, ça fait partie des peurs d'être père, la peur d'être affectueux, de manifester son amour par des gestes. Mais vous n'avez pas de raison d'avoir peur. La tendresse entre un parent et son enfant, c'est normal. Vous pouvez prendre Pauline dans vos bras, il n'y aura jamais de malentendu. »

La première des choses, c'était de m'avouer ma peur, de découvrir que le rôle de père peut se passer de cris et de coups si l'on est accompagné par quelqu'un qui vous débarrasse de ces inquiétudes. La seconde chose, c'est de m'apercevoir que l'amour d'un bébé est plus fort que tout le reste. Pauline ne dort pas la nuit, un vrai problème, et jusque 22 h 30 parfois, je marche avec elle dans le quartier où j'habite pour l'endormir. Je me rassure moi-même en m'apercevant que je n'ai aucune raison de frapper mon enfant car sa présence me transforme en un être aimant. Jamais je ne lèverai la main sur Pauline ni sur Clara et Lucas, les deux autres enfants que j'aurai ensuite avec Emmanuelle. Je ne suis pas fait de ce bois-là. Je peux les masser, leur faire des gros bisous, tout dépend comment les choses sont faites. Il y a une certaine façon de masser les bébés, qui n'est pas une caresse mais un geste assuré et sans ambiguïté, comme l'explique une affiche dans le cabinet de mon kinésithérapeute.

Cette paternité possible sans violence, sans coups, sans répétition me soulage d'une grande peur.

Bien sûr, ça ne m'empêche pas de connaître la fatigue, le manque de sommeil, l'exaspération et de penser certains jours que Pauline va me rendre dingue… comme tout le monde. Au premier enfant, on ne sait pas ce que c'est que d'être un père ou une mère. Si l'on est un parent qui a souffert en étant petit, le danger est de rester enfermé dans ses douleurs personnelles. Dans ce cas, il peut arriver que la relation avec son enfant s'établisse inconsciemment comme une relation d'égal à égal. L'enfant pleure ou est enquiquinant ? La réponse parentale peut venir alors sous la forme d'un coup ou d'une phrase violente. Il y a de l'aide et de l'éducation à apporter à certains parents qui ne sont peut-être pas toujours prêts à accueillir un enfant, parfois non désiré.

Pour leur éviter de maltraiter leur enfant et d'en faire un adulte abîmé.

Pour que leurs mains ne soient pas celles qui frappent mais celles qui caressent, comme j'ai pu les rêver.

On dit que pour donner ou recevoir, il faut faire le même geste, tendre les mains,

Pour caresser ou frapper, c'est la même chose,

Les mains de mon père se sont abattues sur ma peau [...]

Ma peau, mon cœur ne se souviennent pas du geste, d'une main d'un papa qui se pose sur le front d'un enfant avant de dormir, d'une main qui rassure l'enfant inquiet.

La main de papa Zorro qui vous protège de tous les dangers et qui vous assure l'amour à vie.

La petite main dans la grande, celle avec des veines comme des rails de chemins de fer qui vous emmènent au bout du monde...

Les addictions, ces faux cocons

C'est une histoire de couple, une histoire commune à beaucoup de gens : depuis quelque temps, Hélène et moi vivons un peu à côté l'un de l'autre. Je la sens de plus en plus lointaine et je perds confiance en moi et dans ma façon d'être. Si elle se détourne, n'est-ce pas parce que je ne suis pas l'homme qu'il faudrait ? L'image de mon père s'impose à moi de plus en plus, bien que j'ignore comment il se conduisait vis-à-vis de ma mère. En dehors de la scène du fusil, je ne l'ai pas vu lever la main sur elle, mais dans l'intimité, qui était-il ? Comment se comportait-il ? Mon problème, ce n'est pas d'être dans la répétition des coups reçus, je n'ai jamais été violent et la naissance de Pauline m'a totalement rassuré, mais dans ma ressemblance à mon père. Inconsciemment, j'interprète l'éloignement d'Hélène en me disant que je suis une brute, comme lui peut-être, que je ne fais pas bien les choses. Moi qui pensais réparer l'image de l'homme en me montrant le plus tendre et le plus attentionné possible ! Tel que j'aurais aimé que mon père soit à l'égard de ma mère.

Je me remplis la tête de toutes ces pensées négatives jusqu'au jour où le Dr Lacassin, à qui je livre mes questionnements, me dit : « Sortez de cette image du père ! Vivez ce que vous avez à vivre. »

C'est le début pour moi d'une adolescence que je n'ai pas eue, une frénésie de conquête comme un rattrapage pour toutes ces années sous cloche. Je cède aux avances d'une charmante jeune fille à la Maison de la Radio et, à partir de là, je découvre que je peux plaire, avoir du succès. Ce n'est pas encore les années sida, on a une liberté qui permet de se laisser aller, de vivre des aventures partagées, pour une nuit ou un peu plus longtemps. Rapidement, je tombe dans une accoutumance. Une forme d'addiction au plaisir de la séduction, je suis un peu dans ce qu'on appelle le donjuanisme.

Je me jette à corps perdu dans des relations multiples, très courtes ou un peu plus longues, jamais trop. J'entre dans quelque chose de dangereux, sans fin et sans beaucoup de bonheur à l'arrivée. Comme celui réfugié dans l'alcool qui ne peut pas s'arrêter à un verre ou deux et doit absolument finir la bouteille posée devant lui, une femme qui me plaît, je me sens obligé de la séduire.

Et après ? On fait quoi ?

Comme dans toutes les addictions, je suis à la recherche d'une compensation. Ça me rassure sur le moment mais pour si peu de temps… je me perds dans ces histoires de corps et de cœur, qui ne sont que des quêtes vaines, et ça me fait mal.

Je prenais les amants comme on prend le métro
Lorsque l'on est lassé d'avoir attendu trop
Un taxi dans la rue et, qu'il vente ou qu'il neige,
J'attendais de les voir s'endormir contre moi
Puis je déménageais à la cloche de bois
Les chiens de l'aube errants me suivaient en cortège
[...]
Je ne sais pas moi-même au juste qui j'étais*,
comme l'écrit si bien Jean Ferrat.

J'espère que celles que j'ai pu faire souffrir et qui se retrouveront dans mon récit comprendront ce chemin de traverse que j'ai emprunté alors. Avec le recul, je suis navré de cette attitude si elle a blessé certaines femmes, j'ai moi-même été parfois blessé par des histoires dont certaines auraient pu devenir intéressantes. Je crois pourtant avoir toujours été un « gentilhomme », attentionné à l'égard des femmes que je respecte profondément.

Ne condamnons pas trop vite celles et ceux qui passent par les addictions car ce ne sont pas forcément de mauvaises personnes. Bien sûr, il ne faut pas s'exempter de tout reproche mais résumer un homme ou une femme à : « C'est un, ou une, alcoolique, drogué.e, séducteur, séductrice, camé.e », c'est ignorer ce qui a pu les conduire dans des chemins de traverse, des chemins tristes à l'arrivée car ils n'apportent aucun bonheur. Et parce que l'esprit

* Jean Ferrat, « Tu es venu », *Oscar et Irma*, CBS/S 63337, 1968.

de quelqu'un de dépendant n'est pas aussi clair que celui de quelqu'un de bien structuré et de bien construit, tout le plaisir placé dans une addiction vous fait négliger bien des choses. On ne travaille pas autant qu'on le pourrait, ou qu'on le voudrait, si l'on perd du temps à prendre des médicaments qui assomment, à boire de l'alcool qui brouille l'esprit ou à flirter avec une nouvelle conquête. À certains moments de ma vie, je pense avoir raté des opportunités pour avoir été trop occupé à mes dépendances. Vous me pardonnerez cet accès passager d'immodestie, mais ça prend du temps, d'être un don Juan. C'est non seulement chronophage et épuisant mais c'est aussi une entreprise vaine et sans fin. C'est comme la pyramide de prix rapportée à ma mère et dont elle se fiche, faisant s'écrouler ma pile de livres et me fendant le cœur. J'essaie de reconstruire ma pyramide mais c'est impossible, elle ne pourra jamais se terminer, ce n'est jamais assez, c'est comme remplir le tonneau des Danaïdes ou pousser le rocher de Sisyphe. Et don Juan, une fois qu'il a séduit, est un homme malheureux. Comme l'écrivait Gainsbourg :

> L'amour physique est sans issue
> Tu le sais, ouais, toi non plus
> À dire vrai, il n'y en a pas des masses
> De belles histoires de cœur*.

* Auteur et compositeur Serge Gainsbourg, interprète Jane Birkin, « Physique et sans issue », *Lost Song*, Philips, 1987.

Plus tard, grâce à la thérapie et aux années qui passent, il se produit un phénomène rassurant. Ça y est, à un moment donné, je comprends. Je n'ai plus ce désir presque incontrôlé de mettre en marche la machine à séduire, de la même façon qu'un jour celui-là qui finissait systématiquement sa bouteille peut boire un verre ou deux seulement. Plutôt que d'aller me perdre dans autre chose, je comprends à ce moment-là que ce qui doit se faire se fera de lui-même, tout simplement. Et tout à coup, de nouvelles priorités s'inviteront, des opportunités auxquelles je pourrai répondre, comme un rôle au théâtre par exemple, une vraie belle histoire d'amour, profonde, ou une émission qui me plaît.

Une enfance maltraitée, mal aimée, place très souvent un adulte à la recherche d'un endroit où il sera protégé, une sorte de sas de décompression. Les médicaments, les drogues, l'alcool, toutes les addictions ont un rapport avec une idée de *refuge*. Bon... addict au chocolat, ça va, ce n'est pas comme d'être addict à l'héroïne, mais dans les deux cas, la recherche est la même. Pour se faire du bien, pour essayer d'aller mieux, certains peuvent manger une tablette entière de chocolat en quelques minutes. Certes on ne consulte pas pour ça et on ne finit pas en cure de désintox de chocolat, mais c'est toujours la même tentative pour remplacer la souffrance vécue par du plaisir. S'évader pour ne pas aller mal, pour être un peu plus heureux ne serait-ce qu'un instant, même si ce n'est que peu de temps...

Mon addiction prend la forme des médicaments, cet anxiolytique qui m'enveloppe et me tranquillise comme une deuxième mère, ou celui de la séduction, ou encore parfois le jeu.

Le jeu, c'est quelque chose de difficile car ce n'est pas ce qui rend le plus heureux. J'aime bien le casino et j'y vais de temps en temps. Un jour, je joue à la roulette à Monaco. Je gagne, j'ai une jolie somme dans les mains, des jetons plein les poches. La cheffe de table est là et c'est elle qui m'arrête : « Faites-moi plaisir, me dit-elle gentiment. Ça n'arrive pas toujours. Un dernier coup, et après vous arrêtez. » Elle a senti le danger sous-jacent. Car ça va aussi vite dans un sens que dans l'autre, on perd aussi vite qu'on gagne. Le danger, c'est que, quand tu gagnes, tu penses que ça va continuer et, quand tu perds, tu penses que tu vas te refaire. Et paradoxalement, gagner ne vous rend pas forcément heureux... ceux qui fréquentent les salles de jeu comprendront ce que je veux dire.

Et contrairement à ce qu'on pourrait croire, au jeu on ne joue pas toujours. De la même façon que certaines personnes boivent pour oublier, je crois que l'on peut jouer aussi pour oublier et pas uniquement pour faire le jackpot. Pour ne plus penser à rien et entrer dans un autre univers. Il y a un rapport entre le « jeu » et le « je ». Relire Lacan !

Par chance, je maîtrise assez bien mes dépenses, donc je n'ai jamais laissé de fortunes au jeu.

Je n'ai jamais été addict à l'alcool. Il est resté si étroitement lié à mon père que ça m'en a préservé. J'ai même longtemps été très réticent à l'égard de toutes les boissons alcoolisées. Non, de façon plus soft, j'ai connu une autre addiction… au café.

À la télévision, je commence dès le matin. Un café en arrivant, un café en ouvrant mon courrier, un café en salle de maquillage, un café sur le plateau avant l'émission, un café après l'enregistrement… de tasse en tasse, j'arrive à treize cafés par jour. Ça fait beaucoup, beaucoup trop. Je consulte un médecin homéopathe qui me pose plein de questions avant de m'assener en conclusion :

« Vous savez quoi ? On va arrêter le café.

— Quoi ? Arrêter le café ? Mais non… »

Je suis au bord des larmes. Ça me semble impossible.

« Le café est un anxiogène, me dit-il. Vous croyez vraiment que vous avez besoin de ça ? »

Il me propose un breuvage de substitution à base de chicorée. C'est très dur mais, comme je suis plutôt raisonnable et que j'aime jouer le jeu sans tricher, j'arrête. Cette interruption m'aide à comprendre que je vivais chacun de mes treize cafés quotidiens comme un moment doux, comme un cocon. Qu'en fait, je passe ma vie à compenser, à sublimer, à remplir un vide affectif. Que la croix verte de la pharmacie est mon refuge pour cette raison. C'est elle qui me rassure, et le médicament sur moi. Sans compter ma petite trousse de secours dont les autres sourient, avec gentillesse, jusqu'au moment où ils sont ravis de pouvoir y avoir recours.

Depuis, j'ai repris le café mais en quantité réduite.

Pour autant, il ne faut pas se servir de notre enfance douloureuse comme d'un alibi à nos comportements. On ne tombe pas forcément dans la drogue ou les addictions parce qu'on a eu une enfance douloureuse. J'ai parfois été tenté de jouer là-dessus pour me faire comprendre, et peut-être me faire plaindre un peu. C'est une fausse piste. Je me souviens d'un copain venu m'expliquer comment utiliser Facebook et à qui je dis, pour excuser mon peu d'enthousiasme et de compétence : « Tu sais, j'ai eu une enfance un peu bouleversée. » Il me regarde et me répond : « Oui, peut-être, mais c'est le passé et je ne vois pas le rapport. Là, je suis en train de t'expliquer comment fonctionnent les réseaux sociaux. » Il a raison. Il ne faut pas tout confondre ni se servir de nos souffrances comme d'une excuse ou d'un alibi.

Et rester bien concentré sur le fonctionnement des réseaux sociaux... Ça peut servir !

Quand le corps parle

Même quand l'esprit lui intime le silence et que le cœur reste muet, le corps parle s'il le veut. Et il dit souvent la vérité, douloureuse dans les crises de spasmophilie, mais aussi tendre dans les relations amoureuses. Si je ne sais pas verbaliser mes sentiments, mes gestes les ont toujours exprimés pour moi. J'ai mis toute ma tendresse dans mes rapports amoureux, avec ce besoin inconscient de prouver qu'un homme peut être formidable auprès d'une femme. Seulement, je n'ai jamais pu rester allongé immobile à discuter. C'est impossible, mon corps s'y refuse, il veut impérativement se lever, bouger.

Je mettrai du temps à comprendre pourquoi. Ça remonte à si longtemps !

Ce rapport au corps, pour moi, est lié à la violence d'une intervention médicale incompréhensible et inattendue lorsque j'ai 12 ans. Je suis en classe de sixième et, cette fois, j'entame une petite rébellion personnelle. Puisque les pyramides de prix ne servent à rien, puisqu'un bouquet de fleurs des champs ne rend pas le sourire à maman, puisque papa dit m'aimer mais continue de me frapper, à quoi ça rime ? Cette année-là, je passe du « côté obscur de la force ». J'accumule les zéros, je signe mon carnet à la place de mes parents. Je les sens s'interroger, je me souviens vaguement de les avoir entendus dire que ça provient sans doute du fait que je ne suis pas « bien constitué ». Ça veut dire quoi, ça ? Mes parents ne m'expliquent rien. Ils me proposent juste un dimanche soir de les rejoindre dans leur lit pour regarder « Dim Dam Dom » à la télé qu'ils viennent tout juste d'acheter et même, chose inconcevable, ils m'autorisent à dormir avec eux. Je ne me le fais pas dire deux fois, leur proposition inédite me bouleverse. Allongé entre eux, devant l'écran noir et blanc, je ne me tiens plus de bonheur.

Hélas, c'est une soirée de répit qu'ils voulaient m'offrir peut-être, en perspective de ce lendemain dont ils ne me disent rien.

Le lendemain matin, ils m'emmènent à l'hôpital Necker. Sans explication, à part ce mystérieux sous-entendu comme quoi je ne serais peut-être pas fait comme les autres et que ça expliquerait mes défaillances scolaires. Et soudain, me voilà déshabillé et allongé, nu, sur l'estrade d'un amphithéâtre rempli d'internes. Un médecin m'ausculte, touche une à une chaque partie de mon corps, les commente : « Vous voyez, là, c'est le foie, là, c'est la rate. » Ectopie testiculaire, voilà l'histoire. Un de mes deux testicules n'est pas descendu, vous voudrez bien accepter cette confession pour le moins personnelle mais capitale pour la suite du récit. C'est une chose assez fréquente chez les jeunes garçons qui se résout généralement spontanément. Mais moi, petit bonhomme de 12 ans, sans rien y comprendre devenu un objet sous les doigts d'un médecin, mon intimité exposée ainsi aux regards de ces étudiants en blouses blanches, je suis pétrifié de honte et d'humiliation. Et lorsque mon père m'apprend que je reste le soir à l'hôpital pour être opéré le lendemain, je me sens trahi. La soirée avec eux, la veille dans leur lit, c'était un piège. J'éclate en sanglots, et la seule chose qu'il me dit, c'est : « Tu veux que je te casse une jambe ? Là au moins, tu auras une bonne raison de pleurer. »

Ce mot ! Rien que ce mot « ectopie » qui sonne comme « estropie », je vais le trimballer comme le signe de quelqu'un qui ne sera jamais pareil aux autres, et ce mot me fera boiter longtemps.

Je repense à mes parents et à leur attitude alors. Qu'est-ce qui s'est passé dans leur tête pour associer ce petit problème physique sans gravité à mes échecs scolaires et à ma rébellion passagère ? Dès que je changerai d'école, je me remettrai à bien travailler.

Qui leur a donné ce conseil de me faire opérer ? Je ne peux même pas leur en vouloir, ils ne savaient pas comment s'y prendre. Mes parents ne possédaient pas la structure psychique ni n'avaient reçu l'éducation nécessaire. L'époque ne les aidait pas. Françoise Dolto et son émission à la radio puis son livre *Lorsque l'enfant paraît* n'étaient pas encore arrivés, ni les théories du pédiatre américain Thomas Berry Brazelton exposées dans ce si beau documentaire *Le bébé est une personne,* ni la bible de Laurence Pernoud destinée aux jeunes parents *J'élève mon enfant.* Les médecins examinaient les enfants dans un amphithéâtre en les manipulant comme des corps sans existence. Tous celles et ceux qui, comme moi, sont nés dans les années 50 ou 60, le savent certainement, nous n'étions pas vraiment « une personne ». Nous sommes les rejetons de parents qui ont connu une souffrance collective terrible (la Seconde Guerre mondiale, la guerre d'Algérie) parfois doublée d'une souffrance personnelle (mon père se sentait un rital regardé de travers et voulait à tout prix prendre sa revanche sociale).

L'époque explique certaines choses, mais certes pas tout. Encore aujourd'hui, il y a des drames, et des parents qui ne sont pas présents auprès de leurs enfants. Ou qui forcent leurs enfants à être ce qu'eux voudraient qu'ils soient.

« Ton père voulait un fils costaud, un dur à cuire », me dit un jour ma mère. Il avait fait la guerre d'Algérie comme parachutiste et il en avait bavé, certainement. Mon père pense m'éduquer en essayant de faire de moi un homme, un vrai, comme on disait à l'époque. Un dur, un tatoué. Je me souviens d'avoir eu au lycée une otite qui me faisait atrocement souffrir depuis plusieurs jours. Un soir, je me couche et soudain je sens mon otite se percer, naturellement… Le soulagement est alors fantastique mais il n'est pas venu d'une consultation chez un médecin. C'était comme ça qu'on traitait la maladie, on attendait que ça passe et on ne se plaignait pas. Cette histoire, oubliée, de l'otite m'est revenue récemment lorsqu'un ORL m'a expliqué que ma perte d'audition à une oreille venait d'une cicatrice signant un tympan perforé. Et longtemps j'ai gardé ce réflexe de prendre sur moi et de courber l'échine.

Mon père m'éduque à la dure pour faire de moi un « homme ». Un qui ne pleure pas, ou pour une bonne raison. À l'époque, on pouvait dire à un enfant qui pleurnichait sans pouvoir donner d'explication : « Tu veux une claque ? Comme ça, au moins tu sauras pourquoi tu pleures. » Mon père me voulait fort et musclé comme lui, car avant de se laisser aller et de devenir gros, il faisait beaucoup de culturisme. Lorsqu'il me frappe, mon père imagine me faire réagir, pour que je devienne ce dur à cuire dont il rêve. Mais les coups, ça n'a jamais endurci personne, au contraire. Les coups, ça enferme un enfant en lui. Surtout un petit garçon timide et sensible comme moi.

J'ai 8 ou 9 ans, nous sommes en vacances dans un hôtel avec piscine. Je n'ai pas envie d'y aller, je n'aime pas l'eau. Je ne sais pas nager et j'ai peur de me noyer. Ça énerve mon père. Soudain, il me saisit avec brusquerie dans ses bras et, sans crier gare, il me balance au milieu de la piscine. « Ben, voilà, maintenant t'as plus qu'à nager ! » La violence du geste, la détonation de l'eau contre mon corps, la terreur de mourir… je bats des bras et des pieds dans tous les sens, dans un vacarme d'éclaboussures… je ne me souviens plus comment je suis sorti vivant de cette piscine. Qu'un père jette son fils dans l'eau avec l'accord de l'enfant, si c'est un jeu entre eux c'est génial, mais l'acte de mon père s'apparente à ces violences éducatives ordinaires, typiques d'une époque quand on disait qu'une « bonne » petite fessée n'avait jamais tué personne, et qui existent encore, hélas.

J'ai longtemps eu un rapport complexé à mon corps et j'ai encore beaucoup de mal à me tenir droit. Un corps maltraité par des coups réguliers, même s'ils ne sont pas quotidiens, est un corps qui se recroqueville peu à peu. Je le sens et j'en porte les stigmates : mon corps a enregistré une position de repli. Il fait difficilement face aux atteintes. Même aujourd'hui à l'âge que j'ai, lorsque mon fils Lucas me boxe par jeu, par amusement, par complicité, tout mon corps se rétracte et s'y refuse. C'est terrible parce que, pour moi, ce n'est pas un jeu mais l'écho d'une souffrance et je n'y peux rien. Je fais un bien piètre boxeur…

Même quand je vais bien, j'avance souvent un peu courbé. Il n'y a qu'au théâtre, quand je joue un rôle, que je fais attention à me redresser. Parce qu'il s'agit d'un rôle et non plus de moi. Il n'y a pourtant pas que les personnages qui méritent que je me tienne droit.

J'ai l'impression que, si je me tiens droit, on me verra trop (toujours ce problème de place que je ne sais pas vraiment situer, que je ne sais pas occuper dans une famille) ou bien alors que ça va me rendre gros, me rappelant le corps déformé de mon père, son gros ventre sous le tricot de corps le soir de mes 17 ans. Et puis je crois avoir entendu certaines comparaisons quand j'étais petit. Du côté de mes cousins maternels, ils étaient tous très maigres, tandis que de mon côté je profitais, ma grand-mère me nourrissant très bien. Il me revient des phrases de comparaison entre la minceur des uns et la grosseur des autres, dont moi. Je ne fais pas de grossophobie mais je veux garder mon corps tel que je le connais le plus longtemps possible. Je ferai toujours rire les membres de mon équipe avec mes assiettes de poisson blanc. Ce n'est pas d'une gaieté folle en effet, mais ça va me permettre de maintenir ma ligne, et ma forme. Ligne que je vérifierai régulièrement avec l'essayage des costumes. Et sur le plateau de « Motus » où il y avait une table de bonbons pour les invités, je n'en ai pas mangé un seul durant vingt-neuf ans !

Ce corps qui me parle, il me faudra du temps pour l'écouter, pour m'autoriser à être malade ou convalescent. Toute l'exigence de cette enfance sans compassion, où je vais à l'école avec une otite, où je ne peux pas me plaindre, me rendra aussi plus réceptif. L'écoute que je n'ai pas eue enfant, je veux l'avoir pour les autres. Je veux faire ce que j'aurais aimé qu'on fasse pour moi. Ça me donne une perception aiguisée des choses et de ceux qui souffrent, notamment mes plus proches. Quand Pauline était malade, elle m'appelait moi, spontanément. Et lorsque Lucas âgé de 4 mois souffrira de ce qui se révélera être une pyélonéphrite mettant ses jours en danger, j'en sentirai la gravité avant même que le diagnostic soit posé. « Vous n'imaginez pas, monsieur Beccaro, à quel point les pères peuvent être de bonnes mères », me dit alors le Dr Gérard. Phrase consolatrice ô combien, me prouvant que j'ai réussi à transformer ce que j'ai vécu en quelque chose d'utile.

Transformer ce qui vous arrive... Ce qui peut sembler un handicap, ce qui encombre et fait tomber, on peut essayer d'en faire un atout. Comme ce jour où je me casse le pied dès le début de la représentation de *Faux Frère(s)* de Pierre-Olivier Scotto, une pièce racontant l'histoire de deux frères dont l'un est un personnage odieux (c'est mon rôle) qui essaie d'extorquer de l'argent à l'autre, beaucoup plus sympathique. Finalement, les rôles s'inversent et, à la fin, le mauvais n'est pas celui que l'on croyait. Ce soir-là, j'entre en scène et au moment de sortir mon téléphone portable, objet essentiel de la pièce puisque mon personnage s'en sert constamment, je m'aperçois que je l'ai oublié dans ma loge ! Pour rattraper le coup, j'annonce haut et fort comme si c'était dans le texte : « J'ai oublié mon portable ! » Et me voilà me dirigeant vers l'escalier menant aux loges en sous-sol, escalier que, dans ma hâte, je saute entièrement. Le claquement sec de ma cheville et la douleur qui me transperce en disent long. Je remonte et joue tant bien que mal, camouflant ma souffrance. Ne jamais se plaindre ! Dès la fin du spectacle, les pompiers appelés me prennent en charge : mon pied droit est fracturé. Il va falloir plâtrer. Mais pas question pour moi de renoncer à cette pièce en me faisant remplacer. Je réussis à persuader le metteur en scène d'intégrer mon plâtre, ce qu'il fera en ajoutant dans le texte que je me suis fait casser la jambe pour des raisons de dettes non remboursées. Et je jouerai plâtre au pied et canne à la main durant un mois... une occasion pour moi d'interpréter différemment mon personnage, de façon convaincante semble-t-il, car beaucoup de spectateurs sont venus me féliciter pour la crédibilité de ce plâtre encombrant.

En fait, ce qu'on prend pour un ennemi peut devenir un allié. Ce qu'on pense être quelque chose d'insurmontable devient une force.

Ne pas m'écouter, j'en ai tellement eu l'habitude, enfant ! Alors je pousse mon corps et mon esprit en avant, constamment, quelle que soit la difficulté. Souvent au prix d'efforts incommensurables et invisibles. Avec une enfance maltraitée, il faut une force incroyable pour que l'âme et le cœur continuent d'avancer. Je ne m'en rends pas compte sur le moment, mais j'ai eu cette force en moi, c'est elle qui m'a poussé vers l'avant, elle qui m'a permis de marcher, même sur une seule patte. Seulement, il y a un fossé entre ma vie à l'intérieur et ma vie de l'extérieur. Je promène mes blessures en moi, secrètement, dans une dissociation irracontable. Je souris, je fais bonne figure mais... comme l'écrivait Henri Calet : « Ne me secouez pas, je suis plein de larmes. »

Soirs de dépression et « Matin Bonheur »

Au printemps 1987, Hélène et moi nous séparons. Notre couple s'est défait peu à peu et je décide de quitter l'appartement pour ne pas déstabiliser Pauline, qui n'a que 4 ans. À Radio Bleue, Hervé, un collègue dessinateur et ami, me demande comment je vais. Je lui explique qu'Hélène et moi nous quittons et que je ne sais pas encore où aller car je ne gagne pas suffisamment d'argent pour envisager une location. Et voilà qu'il me propose spontanément de m'installer chez lui. « Je pars faire le tour de France à la voile, me dit-il, je te prête mon appartement pendant ce temps-là si tu veux. » Et il me tend ses clefs. Sa générosité me touche et me sauve. Ses quelques semaines d'absence me laisseront le temps de m'organiser financièrement et moralement. Mais à son retour, j'en suis toujours au même point, je m'enfonce même dans une dépression. Voyant que je ne vais pas bien du tout, Hervé m'offre de rester encore un peu chez lui, je peux dormir sur un lit de camp. J'accepte, je me sens tellement mal à ce moment-là. L'échec de mon union avec Hélène rouvre mes blessures d'enfant, me renvoie à mes tentatives avortées pour être aimé. Lorsque je viens chercher Pauline pour l'emmener se promener, elle pleure, elle ne veut pas quitter sa mère. Chaque jour, je doute davantage de moi. Est-ce qu'un jour, je serai capable de vivre une véritable relation amoureuse sans que le passé pèse dessus jusqu'à la détruire ? Est-ce que j'arriverai un jour à tenir à distance mes démons qui me font me conduire comme un être assoiffé d'amour mais incapable de s'engager ?

C'est alors qu'un nouvel Ange va se manifester : Monique Cara, cette grande dame de la télévision, tour à tour journaliste au *Parisien libéré*, à l'ORTF, grand reporter à TF1, présentatrice et rédactrice en cheffe du journal de 23 heures sur Antenne 2, désormais productrice de programmes télévisuels d'informations et de variétés.

Les Anges... c'est le nom que je donne à celles et ceux croisés dans la vie qui vous tendent la main, parfois silencieusement, et qui vous aident. Je crois à la présence de ces Anges. Nous avons tous nos Anges. Les miens ont ponctué mon chemin de leur secours inestimable, à commencer par ce garçon à l'école primaire, Zeitoun. « Si vous touchez un cheveu à Beccaro, c'est moi qui vous tape ! OK ? » Il a un an de plus que moi et, pour une raison que j'ignore, il m'a pris sous sa protection. « « Si y t'embêtent, viens me voir. » A-t-il deviné quelque chose de blessé en moi ? Je n'ai rien raconté de mes problèmes, à personne, et Zeitoun est mon premier Ange. Il est intimidant, plus costaud que les autres, sa voix est grave comme celle d'un adulte. Il fait cesser les coups des antifayots qui me tombent dessus à la moindre bonne note. À mes yeux, il est semblable au héros justicier de la série *Au nom de la loi*, interprété par Steve McQueen. Il est mon Josh Randall personnel, qui me fait un cadeau inestimable en permettant que l'école redevienne pour moi un endroit protégé, une parenthèse sacrée dans ma vie remplie de peurs.

Ce 16 août 1987, donc, alors que je sombre en pleine dépression, le coup de téléphone d'un Ange va changer ma vie. J'ai rencontré Monique Cara quelques années plus tôt à Radio Bleue et nous nous étions bien entendus. En femme franche et directe, elle va droit au but.

« Thierry, je prépare une nouvelle formule de "Matin Bonheur" pour Antenne 2 et j'ai pensé à toi pour la présenter. Ça t'intéresse ? »

Je reste sans voix. Cette proposition, ce n'est pas qu'une émission, c'est soudain un espoir immense qui luit dans mon tunnel sans fin. Mais le pourrais-je ? Je doute tellement de moi...

« Tu crois que je serai à la hauteur ? »

Elle n'a pas une hésitation.

« Je suis sûre de mon choix. Tu es apprécié du public et je te vois parfaitement en chef de bande des chroniqueurs. »

Moi qui n'ai jamais appartenu à une bande, moi le garçon plutôt réservé.

« Apporte-moi ta bande démo et j'en parle au directeur des programmes, Louis Bériot. »

Je raccroche. Il est 9 heures du matin.

Le rendez-vous avec Louis Bériot se passe très bien. Il a fréquenté les Éclaireurs de France comme moi mais, surtout, nous discutons de l'actualité musicale, cinématographique, littéraire... Il cherche à évaluer mon degré de curiosité pour le monde, une qualité indispensable pour un journaliste ou un animateur mais aussi dans la vie en général. En dehors du plaisir que ça procure, s'intéresser à ce qui nous entoure, se forger une culture générale la plus solide possible est un formidable atout dans la vie. Quelle que soit la vie que l'on mène, c'est une ouverture d'esprit qui nous rend plus intelligents – combien de choses ai-je comprises en lisant un livre, en regardant un tableau, en écoutant une chanson ! Pour moi, elle participe en tout cas à mon embauche ce jour-là.

À 19 heures, Monique Cara m'appelle. Je suis engagé.

On commence en septembre, dans moins d'un mois.

Moi le solitaire, me voilà présentateur télé et à la tête d'une équipe de chroniqueurs ! Mais passé le premier moment de joie, je ne dors quasiment pas de la nuit. Comme un boomerang un instant perdu de vue, le doute me revient en pleine face, c'est plus fort que moi. Au petit matin, j'appelle Monique... elle me rassure. Un peu, pas assez. Je la rappelle le lendemain et les jours suivants pour lui poser toujours la même question : « Tu crois vraiment que je suis la bonne personne ? » Au bout d'une semaine, gentiment mais fermement, elle met un terme à mes appels. « Thierry, je ne vais pas te répéter la même chose tous les jours, c'est toi et personne d'autre. Ce n'est pas la peine de me rappeler demain si c'est pour me poser la même question. Tu ferais mieux de te reposer et de prendre des forces pour la rentrée ! »

Le doute, le manque de confiance en soi, c'est si difficile de lutter contre... Même après trente-cinq ans de télévision et les succès que j'y ai connus auprès du public, je continue de douter. Enfant, je voulais juste trouver un endroit pour être heureux, je ne savais pas où ni comment. Je voulais juste arriver à sauver ma peau. Je ne rêvais pas de radio ni de télévision, je ne viens pas d'un milieu qui me permettait de l'envisager. Je n'ai pas non plus la construction psychique de quelqu'un sûr de lui, pas du tout. Tout s'est fait comme ça, d'une façon à la fois simple et inattendue. Un jour, on te propose de faire du théâtre. Et puis un jour, ton père te fait entrer à la Maison de la Radio, et puis tu travailles pour Macha Béranger, et puis Monique Cara t'appelle, et puis, et puis... Je suis un véritable autodidacte. Je n'ai jamais eu de plan de carrière. Tout ce que j'ai fait, je l'ai fait grâce aux rencontres et à l'intérêt que je porte naturellement aux autres. Les choses ont existé parce qu'il y a eu des mains tendues que j'ai su saisir. Même si j'en ai laissé passer certaines, notamment dans mes périodes difficiles. Des mains tendues qui donnent envie de tendre la sienne, à son tour. Comme ce jour où Hervé, mon ancien hôte, m'appelle et me dit : « Il m'arrive une tuile, le propriétaire de mon appartement veut le récupérer. Je suis fichu à la porte. » Cette fois, c'est moi qui vais trouver un appartement dans le 9e arrondissement et le louer. Hervé et moi y cohabiterons durant trois ans.

Ne rien s'interdire, être ouvert aux autres et à ce qui se présente, essayer de voir dans quels domaines on est fort, ou pas, et à quel endroit on se sent bien. Être bien dans ce qu'on fait, c'est fondamental. Autant que possible, il faut essayer de faire ce qui nous rend heureux, à condition bien sûr d'être bon dans ce qu'on entreprend. Si un boucher veut devenir boulanger, pourquoi pas ? Mais à condition de faire du bon pain, et d'aimer le faire. Je ne suis jamais parti au travail avec des semelles de plomb car j'ai fait ce que j'aimais et je crois que j'étais compétent dans mon domaine. Avec cette chance extraordinaire de travailler avec des équipes agréables, d'être apprécié par mon public, de rencontrer dans ce public même des gens fabuleux que je n'aurais pas connus sans « Matin Bonheur », « Motus » ou « Télématin »…

« Matin Bonheur » va me sortir de la dépression. Jamais un titre d'émission n'a si bien porté son nom. Mon aventure télévisuelle commence là, sous ce très beau signe. Il vient en écho des mots prononcés par le Dr Lacassin : « Le malheur est plus accessible pour vous, Thierry, car votre inconscient le connaît, tandis que le bonheur c'est bien, mais c'est plus difficile... Alors, faites l'effort du bonheur. »

Le bonheur est un papillon fragile, l'ombre de notre main l'effarouche.

Un bonheur peut-être contagieux, qui sait ? Comme disait Jacques Prévert : « Il faudrait essayer d'être heureux, ne serait-ce que pour donner l'exemple. »

Une hypersensibilité

Le bonheur reste une notion un peu abstraite pour qui a connu une enfance comme la mienne, où la vie semble n'en offrir que de brefs instants au milieu des difficultés. Mais cette enfance a fait de moi un hypersensible… « Rien d'humain ne m'est étranger, pas même le malheur et la honte », comme disait Montaigne.

Ce bonheur presque inconnu de moi, je le souhaite aux autres qui souffrent, et combien plus terriblement que je n'ai souffert !

> Ah, je suis bien votre pareil,
> Ah, je suis bien pareil à vous […]
> Nous vivons sous le même règne,
> Et lorsque vous saignez, je saigne*,
> dit Louis Aragon dans son si beau poème « J'entends, j'entends ».

---

* Louis Aragon, « J'entends, j'entends », *Les Poètes*, Poésie Gallimard, 1976.

Et lorsque je regarde ce monde où les êtres innocents, les petits anges, sont si mal traités, je suis horrifié.

Vu dans un journal la détresse impitoyable et incontournable des enfants qu'on fait travailler comme des esclaves. Insupportable vision d'un monde incohérent où le Moyen Âge côtoie le merveilleux. Inconcevable, incompréhensible, injuste… où sont les mots pour dire la peine que cela me procure ? Spectacle indigne, livré en pâture au Parisien blême qui part travailler en lisant son journal, interdit d'ignorer.

Je voudrais agir… comment ? Être présent physiquement pour donner un peu de moi-même à ces autres qui souffrent… dans des champs de pavot, des mines de diamant, ou des ateliers clandestins. C'est l'automne aujourd'hui, c'est l'automne pour toujours dans ces cœurs dont la parcelle d'amour s'est absentée.

Je voudrais agir, mais comment ? À l'époque, je me sens submergé et totalement impuissant.

Je ne sais plus vraiment ni que dire ni que faire quand j'entends pleurer. Je vois des enfants enchaînés à la terre, pieds et poings liés, qui cherchent dans le ciel un peu de liberté.

Je voudrais crier que c'est insupportable, que c'est insurmontable.

La souffrance de l'autre m'est insupportable. Sans doute parce que je sais, pour les avoir connus, combien la solitude et le manque d'amour ouvrent des gouffres intérieurs. Sur le papier, j'imagine un temps de justice où *la couronne du dieu, du fou qui fait ripaille finira par rouler dans les champs de bataille, où on verra dans ses yeux la peur et la mitraille* ; je rêve que vienne le temps *qui fera des enfants des hommes qui s'enlacent, en oubliant les heures où le vent les giflait, où le soleil manquait.*

Et puis, il y a tous ceux qui souffrent en silence, d'une souffrance quotidienne et parfois indicible.

À la sortie de mon précédent livre, tellement de gens sont venus me voir lors des signatures dans les salons du livre où j'étais convié, et ils ont été si nombreux à me parler discrètement. Des gens qui s'excusaient de me prendre à part pour me dire qu'ils avaient vécu ceci ou cela de similaire dans leur enfance, et qu'ils aimeraient s'en sortir. Qu'ils se pensaient trop vieux peut-être pour y parvenir. Je leur répondais que non, ce n'est pas trop tard. Même si on a un certain âge, on peut se sortir de certaines choses. Qu'ils se pensaient trop faibles peut-être. Mais ce n'est pas une histoire de force ou de faiblesse. La force, ils l'ont eue quand ils étaient petits, pour faire face. Il leur a fallu beaucoup de force pour être là. Ils peuvent féliciter l'enfant qu'ils étaient. Nous oublions trop souvent, moi le premier, de féliciter l'enfant courageux que nous avons été. Parmi les témoignages reçus, je relis avec émotion les mots, si justes, de cette femme. Elle s'est « construite à l'inverse de [ses] parents », m'écrit-elle, et elle ajoute : « La dignité est mon bien le plus précieux. » Oui, cette dignité des enfants maltraités dont le courage est incroyable, on ne le dira jamais assez.

Une dignité que personne ne pourra lui enlever et qu'il aura aussi, je l'espère, à l'égard des autres. Non seulement beaucoup d'entre nous ont fait preuve d'une grande capacité de résilience, mais nous avons aussi, souvent, développé le sens de l'autre.

Ce type d'enfance bousculée fait de nous des hypersensibles, des êtres à fleur de peau qui ne peuvent pas tenir à distance la souffrance des autres. Longtemps j'ai cherché à réparer autour de moi. Réparer la souffrance de mon père, réparer le chagrin de ma mère, réparer mes blessures d'enfant, en étant le plus parfait possible : le confident parfait, l'amant parfait, l'ami parfait, le mari parfait, le père parfait... C'est sans doute louable mais ce n'est pas un bon chemin. Ce sont là des combats difficiles, fatigants et vains. La recherche de la perfection, une perfection impossible, ne fait que rendre malheureux. Elle peut même être la marque d'un manque d'humilité. Personne n'est le sauveur du monde, on ne peut pas tout réparer. Et, plutôt que de chercher à être un superman-superami-superpapa, un genre de couteau suisse affectif, essayons d'être le plus juste possible. L'idéal, c'est de faire le mieux possible.

Avec justesse, en sortant de soi pour *donner à* l'autre.

Comme au théâtre, avant l'entrée en scène, quand les comédiens se tiennent par la main et que le metteur en scène leur dit : « Voilà, on a fait tout ce qu'il fallait, sans se prendre au sérieux mais sérieusement. Amusez-vous maintenant et donnez-vous aux spectateurs ! »

À mes yeux, le plaisir de donner du plaisir est aussi important que le plaisir de jouer, si ce n'est plus. Entendre les spectateurs rire, ou s'émouvoir, c'est le cadeau suprême, c'est un vrai bonheur.

En sortant de soi pour *aller vers* l'autre.

À « Matin Bonheur », Monique Cara m'encourage à écouter davantage encore les invités, à instaurer un véritable dialogue avec eux en évitant de leur couper la parole avec une question suivante, toute préparée. Précieux conseil à une époque où il commence à devenir de bon ton d'interrompre avec insolence les invités, de les titiller, de les entraîner sur des sujets polémiques… « Thierry, reste toi-même, me dit-elle. Ne perds pas ta gentillesse naturelle, ta bienveillance et tes doutes. Ils révèlent ton humanité. » Jean-Louis Aubert et le groupe Téléphone m'auraient dit : « Ça, c'est vraiment toi ! »

Aller vers l'autre et *recevoir de* l'autre son amour en retour.

Je n'oublierai jamais ce jour d'été où je me baigne dans la mer. Une femme qui nage non loin, me reconnaissant visiblement, s'approche de moi. Elle me dit, tout en pudeur et d'une voix émue, qu'elle a récemment traversé une dépression très grave et que c'est d'avoir regardé « Matin Bonheur » tous les jours qui l'a aidée à s'en sortir. Elle me dit : « Merci pour cela », et elle s'en va aussitôt.

Son « merci » m'a bouleversé.

Lorsque des gens m'arrêtent pour me parler ou me demander un autographe et qu'ils s'excusent de me déranger, je leur dis toujours combien ils me font plaisir. Ce n'est pas pour flatter mon ego, mais comment pourraient-ils me déranger en m'apportant leur amour, leur tendresse ? À mes yeux, rien n'égale l'affection et la fidélité du public. Pour moi, l'amour et la gentillesse sont des cadeaux inestimables qui me redonnent confiance. Je ne force pas les gens à venir vers moi. S'ils le font spontanément, s'ils me reconnaissent et m'apprécient, c'est le résultat de trente-cinq ans de présence sincère auprès d'eux. Avec le sourire. Ce sourire qui n'est pas un masque, mais une offrande destinée à apporter à ceux qui me regardent joie et bonheur. Vous qui me lisez en ce moment, sachez que cette joie et ce bonheur, vous me les offrez à votre tour, et bien largement. Sachez que vos mots et la lumière dans votre regard me servent d'euphorisant dans mes jours grisâtres.

Les années 90

Les années 90 sont des années charnières pour moi, à tous les points de vue.

Au niveau professionnel, pour commencer.

Je débute « Matin Bonheur » et tout se passe à merveille. Premier invité et parrain de l'émission, Alain Delon se montre d'une grande gentillesse à mon égard et m'encourage en se levant à la fin pour m'applaudir ! Au fil des années, les personnalités se succéderont sur le plateau : Nana Mouskouri, Claude Brasseur, Julio Iglesias, Enrico Macias (qui me dit avec son enthousiasme légendaire : « Tu sais, Thierry, je porte bonheur ! »), Bette Davis, Jacques Villeret, l'abbé Pierre et combien d'autres... Toujours présente à côté des caméras, Monique Cara me donne des consignes par gestes, les oreillettes ne sont pas encore arrivées sur les plateaux de télé, ce qui nous vaut quelques bons fous rires. Elle me pousse encore et toujours à rester moi-même, le plus possible. « Soyez vous-même, les autres sont déjà pris », disait Oscar Wilde

« Matin Bonheur » m'apporte une notoriété, on commence à me reconnaître dans la rue. Je suis alors un animateur apprécié lorsqu'on me propose de présenter une nouvelle émission : « Après-midi show ». J'accepte, ravi. « Matin Bonheur » a duré presque trois ans et ce nouveau projet me plaît. Variétés, musique, reportage, sketches, cet « Après-midi show » est construit, lui aussi, autour d'un thème, avec un invité. Le problème, c'est qu'on ne trouve pas la colonne vertébrale de cette émission et on change tout le temps de concept. Un coup, c'est le décor, une autre fois mes tenues... J'ai beau essayer de mettre du muscle, les mois passent et ça ne prend pas. Et soudain, après avoir été le type formidable de « Matin Bonheur », voilà que je deviens le responsable de l'échec de cette émission. Les mêmes qui m'encensaient quelques mois plus tôt me battent de plus en plus froid. Certains commencent à me tourner le dos. Les tentatives durent six mois, en vain. L'émission ne trouve pas son public et la décision est prise de l'arrêter.

À partir de là, je commence ma traversée du désert, enfin on peut plutôt parler d'un bac à sable car je reste très peu de temps sans travail. Mais ce temps de latence m'est très douloureux. Je m'interroge, le doute ressurgit, plus terrible que jamais, mon ego est blessé par cet échec. J'ai l'impression que tout ce qui faisait mon succès à la télévision s'est effondré comme un château de cartes.

Jusqu'au jour où on me propose d'animer un nouveau jeu, pendant deux mois d'été : « Motus ». Non sans un certain orgueil à l'époque, je réponds sans enthousiasme : « Oh, les jeux, ce n'est pas mon truc. »

Vanité, vanité...

J'ajoute, sans grande conviction : « Mais si c'est un jeu où je peux m'amuser et où j'ai une certaine liberté, allons-y... »

Heureusement que j'ai accepté ! Si j'avais pu imaginer tout le bonheur à venir avec « Motus », je n'aurais pas eu une seconde d'hésitation ! « Motus » m'a remis la tête sur les épaules.

Dans le même temps, William Leymergie me propose de le remplacer sur « Télématin » durant ses périodes de congés. J'accepte aussitôt, enchanté à l'idée de travailler pendant les jours de vacances et les jours fériés : Noël, jour de l'an, Pâques, Ascension, un mois l'été.

Je suis enchanté à double titre.

D'une part, je n'ai jamais été à l'aise avec les fêtes familiales et les week-ends, *a fortiori* lorsqu'ils sont à rallonge. Ils me renvoient systématiquement à l'ennui de mon enfance, à ces heures qui s'étiraient sans fin, à ces journées où mes parents restaient à la maison, où ma mère me lançait d'un ton exaspéré : « Arrête de traîner dans mes pattes, sors, va jouer dehors. »

D'autre part, et c'est le plus important à mes yeux, je trouve indispensable d'être là pour les gens qui sont seuls à Noël ou au jour de l'an. Rien que de penser aux isolés, aux solitaires, aux malades dans une chambre d'hôpital, dans un Ehpad, je suis heureux d'être présent pour eux, de rester en leur compagnie, de leur offrir un sourire, de leur donner de la joie. Le petit écran m'a tellement aidé lorsque j'étais enfant ! Avec la radio, la télévision m'a sauvé de tant d'heures plombées par l'ennui, a chassé tant de tristesse, m'a offert la compagnie de tant de personnes !

Plus tard, j'animerai « 40° à l'ombre » l'été, une émission pour laquelle j'ai un certain attachement car je sais que les spectateurs sont contents de nous suivre. Le principe, c'est de se déplacer des plages de Cabourg à celles de Bandol, en restant sur place une semaine avec des invités. Une façon d'offrir un air de vacances à toutes celles et ceux, trop nombreux, qui ne quittent pas le bitume des villes. Au travers de l'écran, c'est un peu un air de vacances qui vient à eux, et quand on sait que près de 40 %* des Français ne partent pas en vacances…

Récemment, durant la période de pandémie de Covid-19 que nous avons vécue, j'ai répondu favorablement à la demande de l'association « Stop à l'isolement ». Je me suis adressé par vidéo aux personnes isolées, jeunes comme moins jeunes car la période était terrible aussi pour les jeunes. Vidéos que je concluais par : « Si vous êtes seul, sachez que je pense à vous. »

Les années 90 sont aussi placées sous le signe du théâtre, et notamment d'un formidable coup du destin. Pourtant, l'aventure commence de travers. Je joue au théâtre depuis plusieurs années maintenant

---

* Source Crédoc, 2020.

et j'ai quelques jolis rôles à mon actif quand je reçois un appel inquiet de mon agent Jean-Pierre Noël. Il me rappelle mon rendez-vous pour cette audition si importante. Sauf que j'ai complètement zappé mes messages et, bien sûr, je n'ai pas eu connaissance du sien. Oui, mais la pièce en question n'est autre que *Boeing Boeing,* de Marc Camoletti, le vaudeville le plus joué au monde ! On fait des pieds et des mains pour caler un horaire possible et finalement, sitôt fini l'enregistrement de « Motus » à la SFP, ex-Société française de production où tant de belles créations ont vu le jour, je file au théâtre Michel pour l'audition. Mais voilà que, une fois arrivé sur place, je m'aperçois que je ne trouve plus mes clefs d'appartement ! Où sont-elles ? Je les aurais oubliées dans les studios d'enregistrement ? Je retourne mes poches, de plus en plus inquiet. Beaucoup de gens se diraient qu'en soi ce n'est pas grave, que je n'en ai pas besoin tout de suite, que ça pourra être résolu après l'audition, mais moi, non. Ces clefs perdues deviennent le grain de sable qui bloque l'engrenage de la machine. Par manque de stabilité intérieure, je suis incapable de prendre sur moi, la panique me gagne. Je croise une dame à l'entrée du théâtre qui, me voyant affolé, s'enquiert avec gentillesse : « Ça va ? », me demande-t-elle, avec un charmant cheveu sur la langue. « Je suis désolé, madame, je suis convoqué pour une audition mais j'ai perdu mes clefs, alors je ne sais pas comment je vais rentrer chez moi, je dois absolument m'occuper de ça… » Elle m'interrompt en m'affirmant que ce n'est pas grave, qu'ils vont les retrouver. Elle me regarde avec gentillesse mais son attention est aiguisée, je le vois bien. Elle doit prendre ma réaction pour celle d'un fou. « Nous allons appeler la SFP, allez à votre audition, mon mari vous attend. »

Et je comprends tout à coup que cette dame est Germaine Camoletti, la femme de Marc Camoletti avec qui elle dirige le théâtre depuis plus de vingt ans ! Un de mes Anges, elle aussi. En me regardant m'agiter pour mon problème de clefs, elle m'a tout de suite vu dans le rôle de Robert, ce provincial qui débarque dans la vie de son ami grand séducteur. Marc Camoletti me fait donner la réplique à plusieurs des hôtesses qui jouent dans la pièce. J'ai l'impression qu'ils ne sont pas convaincus, je pense l'affaire perdue quand il me demande après une heure d'audition si le rôle de Robert me plaît et si ça me dit de le jouer !

Incroyable comme le destin parle, quand on croit que tout est dit.

Et *Boeing Boeing* va être une aventure fantastique et durable. J'ai joué cette pièce au moins six cents fois ! Je prends énormément de plaisir à interpréter Robert, ce personnage de provincial mal dégrossi auprès d'une comédienne incroyable, Christiane Muller qui, elle, joue le rôle de la bonne.

C'est un moment de ma vie où je suis vraiment très, très heureux. À la télévision j'anime « Motus » qui me remplit de joie, tout comme « Télématin » lorsque je remplace William Leymergie, et le soir, je m'amuse sur les planches dans une pièce où les spectateurs rient à gorge déployée. *Boeing Boeing* rencontre un succès fou et je regagne un peu de la confiance en moi que j'avais perdue.

Apporter autant de bonheur au public, c'est vraiment magique. Épuisant mais magique. Mon nom est en haut de l'affiche !

« Motus » fait partie des moments très importants de ma vie. L'émission est programmée le matin, à un horaire réputé difficile en termes d'audience mais que je trouve noble car il s'adresse à des gens souvent assez seuls, à qui je peux offrir un moment divertissant, joyeux. Je me sens peut-être plus utile que si j'étais présent à une heure de grande écoute. L'histoire devait durer deux mois, juillet et août 1990, comme certaines histoires d'amour, le temps d'un été. On se sépare et chacun rentre de son côté, on dit qu'on s'écrira et puis on ne se revoit jamais. Mais « Motus », c'est une alchimie incroyable et je prends un plaisir dingue à animer ce jeu en toute liberté. L'émission fonctionne, le public est là, de plus en plus nombreux. Sur le plateau, c'est le bonheur, avec l'équipe technique comme avec les candidats. À la rentrée, « Motus » est prolongé une première fois jusqu'en décembre, puis jusqu'en juin de l'année suivante, pour finalement s'installer durablement. Le succès est au rendez-vous, au point que, pendant vingt-neuf ans, TF1 a tout essayé pour détrôner l'audience de « Motus », en vain et à ma grande surprise. Moi, je suis heureux comme un prince. Comme prévu au départ, je m'amuse autant que les candidats et je me sens libre de mes propos, de mon attitude, de mes plaisanteries.

Sur le plateau comme dans le public, je reçois des gens fantastiques, des gens simples, venus avec l'envie de jouer, parfois des gens en grande difficulté. J'ai dû recevoir pas mal de Gilets jaunes, je pense. La plupart me fascinent par leur modestie, leur discrétion. Beaucoup sont remarquables sans se faire remarquer… « On n'entend pas parler des héros, car les héros sont ceux qui appartiennent à la vie normale, à l'humble vie quotidienne », disait Dino Buzzati. Je me souviens de ce couple à qui je demande ce qu'il fait dans la vie et qui me répond : famille d'accueil. Famille d'accueil… Cela signifie des gens qui ouvrent leur maison et leur bras à des enfants privés d'amour et d'environnement sécurisant, des gens qui accueillent ces petits dans un endroit de paix et de réconfort pour les aider à repartir sur des bases plus stables. Qui recueillent des êtres et qui savent les laisser repartir, malgré l'attachement créé et le chagrin inévitable de la séparation. C'est le don absolu. Je suis admiratif et chaque fois très ému par leurs témoignages.

Je suis particulièrement attentif, et heureux, quand les gagnants sont des gens dans le besoin, au chômage ou exerçant des professions peu rémunératrices. Je suis bluffé par la dignité de la plupart d'entre eux. Je reçois des gens qui gagnent une belle somme, équivalente parfois à six mois de leur salaire, et qui me disent que le plus important, c'était de venir jouer avec moi ! Je me souviens avec émotion de ces moments où le jeu s'ouvre aux personnes handicapées. Nous jouerons avec un candidat aveugle qui se repère grâce aux sons devenus célèbres dans l'émission et que j'aiderai à situer les lettres, un candidat sourd-muet qui écrit ses réponses sur une ardoise. Je serai accompagné ce jour-là d'un traducteur en langue des signes. Je me souviens aussi de Nino, ce jeune garçon autiste de haut niveau plongé dans son univers, et de sa sœur venue me dire combien être candidat à « Motus » et jouer avec moi a été pour lui un cadeau inestimable.

L'amour du public de « Motus », la confiance de France Télévisions et de ma productrice, Nicole Covillers, le succès de *Boeing Boeing*... les planètes sont bien alignées. La période est merveilleuse, et instructive. Les applaudissements me font beaucoup de bien, évidemment comme tout le monde j'ai envie d'être connu et reconnu, mais je réalise aussi que si ça ne sert qu'à remplir ma satisfaction personnelle, ça n'a pas grand intérêt.

Le succès, c'est formidable, c'est une bonne nourriture pour son ego, mais attention à ne pas laisser celui-ci prendre du poids et se boursoufler car, là, on devient vite infréquentable. Il ne faut pas se séparer de son ego, c'est important pour soi-même, mais il faut aussi nourrir celui des autres. Au bout d'un mois d'applaudissements au théâtre, mon ego est bien rempli. Et c'est là que ça commence, là où on voit si on est habité, si on est chargé de quelque chose. C'est à ce moment-là que débutent les soirées où on a mal à la tête, où on vient de se disputer avec sa compagne, où on a l'esprit ailleurs, aux factures, aux soucis, où jouer devient parfois plus difficile... C'est là qu'il faut y aller. Le vrai travail, c'est quand on ne pense plus à soi mais aux autres. Car les spectateurs, eux, ils ne pensent qu'à toi. Ils sont venus pour toi, pour assister à un spectacle, alors tu as intérêt à leur donner du plaisir, les émouvoir ou les faire rire !

« La lumière, ce n'est pas fait pour briller, c'est fait pour éclairer. » J'aime cette phrase du metteur en scène Éric Le Roch. Elle est très juste.

C'est ce que j'essaie de transmettre aux débutants, à la télévision comme au théâtre. Je leur dis : « Que la lumière brille longtemps, mais pas uniquement sur vous. Avoir les projecteurs sur soi, ça fait du bien au début mais, après, il faut renvoyer cette lumière sur les autres qui sont dans l'ombre et qui ne peuvent pas exprimer ce que vous exprimez pour eux. »

C'est le rôle des artistes et c'est aussi, je crois, le devoir de celles et ceux qui ont un peu de notoriété, qui ont « voix au chapitre », comme on dit.

J'aime les gens, c'est par là que mon chemin passe et se fait. Si les choses ne passent que par moi, le chemin est court. Si je me sers ma propre soupe, je vais vite être rassasié. Il faut se méfier car la télévision peut être un Jivaro, une réductrice de têtes. Si on ne sort pas de la télé pour s'ouvrir aux autres et à d'autres choses, on finit broyé. La vanité n'est pas loin quand on connaît le succès. « Vanité, vanité, tout n'est que vanité et poursuite du vent » (l'Ecclésiaste).

Je ne veux pas être dupe de la vanité. Il serait bon de se rappeler que certaines choses sont vaines, comme de se mettre en scène sans cesse sur les réseaux, façon de dire « regardez-moi ». Il serait bon de se souvenir que parfois on se donne beaucoup d'importance pour rien. Que « la gloire est comme un cercle dans l'onde qui va toujours s'élargissant, jusqu'à ce qu'à force de s'étendre, il finisse par disparaître », écrivait Shakespeare.

Tout faire pour exister auprès du public, c'est vain. On ne force pas les gens à venir à vous, à vous aimer. Pour que les gens vous reconnaissent, il en faut, du temps… Trente-cinq ans de présence et d'amour pour les autres, en ce qui me concerne. Après une pièce de théâtre ou en signature dans les salons du livre, je ne refuse jamais l'échange avec les spectateurs ou les lecteurs. Car l'important, c'est le partage, et d'être heureux et sincère dans ce qu'on fait.

« Motus » a commencé de cette façon, un peu comme une aventure amoureuse au départ, puis sont venus le plaisir d'être ensemble, l'attachement réciproque, et le bonheur de se retrouver chaque jour. « Ma plus belle histoire d'amour, c'est vous », chantait Barbara à son public.

Les mots qui sont dits

Mon père : « Ce que tu peux être gourde ! »

Ma mère : « Courageux mais pas téméraire. »

Mais encore…

« Pleure, tu pisseras moins. »

« Tu veux une claque ? Comme ça, tu sauras pourquoi tu pleures. »

« Thierry n'arrivera à rien dans la vie. »

Tout ce qu'on a entendu, toutes ces phrases qui figent, ça s'infiltre partout, comme l'humidité dans les vêtements et ça fait froid jusque dans les os. Toutes ces petites choses, ces piques, ces phrases prétendument banales, sont en réalité toxiques et insidieuses.

Dire à quelqu'un : « tu es gourde », « tu es bête », « tu es moche », c'est comme un poison injecté dans des veines, qui va circuler longtemps. Répétées deux, trois, dix, vingt fois, ces phrases s'inscrivent durablement. Il faut du temps pour s'en débarrasser. Beaucoup de temps, des années souvent, toute une vie parfois, et on n'y arrive pas toujours.

Très souvent, la maltraitance physique s'accompagne d'une maltraitance psychologique.

> Jeunes gens, prenez garde aux choses que vous dites.
> Tout peut sortir d'un mot qu'en passant vous perdîtes.
> Tout, la haine et le deuil* !
> a écrit Victor Hugo.

Les mots dits, à l'origine de tant de maux. Alors qu'il faudrait s'exercer à la juste parole, « La parole impeccable », comme le préconise le premier des *Quatre Accords toltèques* de Don Miguel Ruiz : « On utilise les mots pour créer la réalité dans laquelle on vit. On peut créer le plus beau rêve que j'appelle le paradis, ou le pire cauchemar, que j'appelle l'enfer. [...] Parlez avec intégrité, ne dites que ce que vous pensez. N'utilisez pas la parole contre vous-même, ni pour médire sur autrui. »

Oui. Que notre parole soit impeccable car les mots peuvent sauver, ou tuer.

Enfant maltraité, on a appris, bien malgré soi, à recevoir des réflexions désobligeantes, à subir des vexations alors, inconsciemment, on s'habitue et on finit par se dire que c'est comme ça, que c'est vrai.

---

* Victor Hugo, « Jeunes gens, prenez garde aux choses que vous dites », in « Toute la lyre », *Œuvres complètes*, Poésie IV, Bouquins, 2002.

Nous sommes en 2011. C'est une année compliquée pour moi, où tout pose problème, tout m'angoisse.

Au théâtre, je joue le premier rôle dans une pièce dont le titre sonne à mes oreilles comme un avertissement *C'est pas le moment*. J'ai le trac, je ne suis pas sûr de moi, je doute terriblement, je me demande pourquoi ils m'ont choisi. Le metteur en scène a alors cette phrase incroyablement éclairante : « Thierry, un comédien quand il entre sur scène, il doit savoir ce qu'il vaut. » C'est vrai, savoir ce que l'on vaut est très important, le public le sent tout de suite. « Malheur à celui qui n'a pas de courage, disait Michel Bouquet, car le public ne l'épargnera pas. »

Alors, quoi qu'on ait entendu dans son enfance, évitons de nous dévaluer. Tâchons de rester justes et lucides par rapport à ce que nous faisons, ou ne faisons pas.

Je sais combien c'est difficile car on peut réussir une carrière formidable en surface et être épouvantablement agité en dessous. De la même façon, on peut habiter le plus grand appartement du monde et se sentir mentalement enfermé comme si on vivait dans un capharnaüm. Ma « carrière » représente les 10 % visibles de mon iceberg. Dans les 90 % invisibles, c'est instable, ça bouge dans tous les sens et régulièrement, les moments compliqués surgissent, des moments de doute, de manque de confiance. De burn-out même, comme ce jour où je me rends en voiture à une réunion pour préparer une nouvelle émission : « Partez tranquilles, France 2 s'occupe de tout ! » Le concept est simple : un animateur prend la place d'un professionnel durant quarante-huit heures. Laurent Romejko par exemple, délaisse la météo et remplace un artificier qui part tranquillement deux jours en vacances. J'ai accepté de présenter l'émission mais voilà que, en me rendant à la réunion de préparation, je suis pris d'une angoisse épouvantable. Je me gare devant France Télévisions et, là, impossible de sortir de la voiture. Je reste une heure comme ça, bloqué. Ça ne va pas du tout, je sens que j'arrive au bout de quelque chose, qu'il se passe quelque chose, je ne sais pas quoi mais ça ressemble à un burn-out. Finalement, je réussis à m'extraire de mon véhicule pour me rendre à la réunion où personne ne se doute que je viens de vivre une heure en enfer. Tout à coup, je n'ai plus de joie, plus de désir, plus rien. Le médecin que je consulte aussitôt après me donne un médicament contre ce qui ressemble fort à une dépression. Je n'ai pas le choix, je dois apaiser les tensions avant de comprendre ce qui s'est passé.

Ce qui s'est passé en réalité, c'est que je n'ai pas envie de présenter cette émission mais que je n'ai pas su la refuser. Et parce que je n'ai pas osé dire non, je me suis retrouvé paralysé dans une voiture. Prisonnier de moi-même, à cause de moi-même.

Ne pas savoir dire non est un peu le drame des enfances bousculées comme la mienne. L'amour nous a tellement manqué que tout ce qu'on nous propose nous réjouit. On me demande pour une émission, un rôle au théâtre, une intervention… c'est formidable ! On a pensé à moi ! Il m'arrive d'être très heureux juste parce qu'on a pensé à moi. Le danger, c'est de tomber dans le piège de l'amour et du désir de l'autre et de s'éloigner de son propre désir. Longtemps, je n'ai pas su refuser une proposition. Je n'avais pas envie de présenter « Partez tranquilles », mais je n'ai pas su revenir à la réalité et me poser la vraie question, la seule qui tienne : est-ce que ce qu'on me propose est en adéquation avec ce que je veux faire ? La question est applicable à toutes les situations : ce rôle, cette émission, cette intervention, cette femme... est-ce qu'ils sont pour moi ? Si ce n'est pas le cas, je dois refuser. Il faut apprendre à ne pas faire ce qui n'est pas en adéquation avec nous-mêmes.

Dire « non » m'a posé, et me pose encore, des problèmes. C'est difficile. Dans ma petite tête d'enfant, dire non c'est encore m'exposer à des représailles. Alors j'ai tendance à laisser toujours la porte ouverte, quitte à laisser entrer n'importe qui, et quand je refuse vraiment, j'ajoute systématiquement : « J'espère que vous ne m'en tiendrez pas rigueur », comme si j'encourais une punition.

Il faut savoir dire non. Ça simplifie la relation, ça fait gagner du temps à l'autre. Dire non aussi à ses enfants est nécessaire. Si on leur dit toujours oui, le jour où le non est prononcé, c'est un scandale pour l'enfant. Comme je l'expliquais à Pauline, petite : « C'est parce que je te dis non aujourd'hui, ma Pauline, que tu seras très heureuse le jour où je te dirai oui. »

Rassurez-vous, j'ai plus souvent dit oui que le contraire...

Les mots qui ne sont pas dits

Je rencontre Emmanuelle, la future mère de mes deux autres enfants, Clara et Lucas, dans les années 90. Tout de suite nous nous entendons bien, qui plus est j'apprécie grandement sa famille, notamment sa maman. Nous ne vivons pas tout de suite ensemble mais, peu à peu, mes démons entravent notre relation.

La difficulté d'une enfance sans relation réelle avec les parents, c'est tout ce qui ne se dit pas. Mes parents ne m'expliquaient jamais ce qui se passait, on ne parlait pas de ce qu'on ressentait. Et les mots que je n'ai pas entendus, je ne peux pas les prononcer.

Les mots d'amour par exemple. Je voudrais dire « je t'aime » cette fois mais je n'y arrive toujours pas. Je suis incapable de prononcer les mots qui ne m'ont pas été dits et je peux prendre des chemins de traverse pour exprimer mes sentiments. Je ne dis pas « je t'aime », non parce que je ne le ressens pas mais parce que j'ai peur des mots qui figent, même si le mot amour est le plus beau mot de la langue française.

L'amour, c'est compliqué, ça fout les jetons, et ça s'en va, comme le reste.

Ainsi que le chante Alain Souchon dans « La beauté d'Ava Gardner » :

J'aime les hommes qui sont c'qui peuvent
Assis sur le bord des fleuves
Ils regardent s'en aller dans la mer
Les bouts de bois les vieilles affaires
La beauté d'Ava Gardner*

Et puis ce n'est pas parce qu'on dit « je t'aime » que ça existe, et ce n'est pas parce qu'on ne dit pas « je t'aime » que ça n'existe pas. Je suis d'accord avec cette phrase de Jean Cocteau : « Il n'y a pas d'amour, il n'y a que des preuves d'amour. » De la même façon que ce ne sont pas les larmes qui font le chagrin, ce n'est pas le mariage qui fait l'amour.

L'amour, le mariage, l'engagement... Tout ça m'effraie, m'est impossible.

Le couple pour moi reste indissociable de mes parents, de la guerre qui régnait entre eux. Adulte, la moindre amorce de dispute me renvoie aussitôt à ma situation d'enfant, en hypervigilance, habitué à désamorcer les conflits. Une dispute s'annonce ? Mon premier réflexe, c'est d'aller acheter des fleurs

---

* Alain Souchon, « La beauté d'Ava Gardner », *Ultra moderne solitude*, Virgin, 1989.

ou un cadeau, pour acheter un peu de paix, comme j'essayais autrefois avec mes parents.

Je ne veux plus de disputes, je les ai trop connues.

Et en cas de discussion, de querelle, je pars immédiatement avec un désavantage. Dès qu'il y a désaccord avec l'autre, la culpabilité me saute au visage depuis l'enfance : « Salut, ça va ? », me dit Mme Culpabilité et, moi, je pense immédiatement : « Qu'est-ce qui se passe ? C'est ma faute ? » Je suis toujours très embarrassé quand je ne réponds pas à ce que l'autre attend de moi. Ça me ramène systématiquement à des choses vécues enfant quand je cherchais à me faire aimer à tout prix... J'ai tellement éprouvé un sentiment d'injustice avec ma mère, à penser que, quoi que je fasse, ça n'allait jamais. C'est terrible car j'ai beau savoir que ça provient de mon enfance, je contrôle mal ma réaction. Comme tous les êtres trop longtemps étouffés, la peur du conflit, la peur d'avoir mal fait me font me recroqueviller. Je me mets très peu en colère et, quand la colère monte, elle se transforme toujours en accès de profonde tristesse. Et souvent, le plus dur à vivre, c'est de voir l'impact de ce que nous avons vécu sur l'autre.

Des profils comme le mien ne savent pas toujours exactement comment il faut être ni comment se comporter. Nous ne sommes pas dans le moule classique. Noël, les anniversaires, la Saint-Valentin, toutes les fêtes me font frémir. Et je peux oublier de les célébrer, ce qui peut en blesser certains ou certaines, alors que ce n'est pas du tout mon intention.

Mon histoire fait de moi un sauvage, à la fois facile à vivre et compliqué quand dans ma tête tout s'embrouille. Elle fait aussi de moi un solitaire, qui préfère être seul dans son coin, sans embêter personne et sans que personne l'embête.

Voilà pourquoi j'aime les endroits neutres. Les maisons de famille me font fuir car les lieux familiaux sont pour moi générateurs de conflits. Qui fait quoi ? À quelle heure déjeune-t-on ? Qui s'occupe des courses ?, etc. En plus, je risque d'être obligé de faire des choses que je n'aurai pas envie de faire mais que je ferai pour faire plaisir. Tout cela réveille mes souvenirs de grisaille. Alors, je m'échappe à l'hôtel, l'endroit neutre par excellence. L'hôtel, pour moi c'est la tranquillité assurée et l'indépendance, comme la voiture. En tournée, dès que je peux, je pars avec mon propre véhicule. Comme ça, je ne dépends de personne, je peux m'échapper quand je veux. N'allez pas en déduire que je refuse obstinément de participer aux tâches quotidiennes. Je ne passe pas ma vie à l'hôtel...

Mon attitude génère parfois des situations inutilement compliquées et parfois ridicules, je l'admets. Récemment, j'ai encore été victime de ma propre réticence à me trouver en groupe. Nous devons jouer *Faut que ça change* dans une petite ville près de Rouen et Anne Richard, la merveilleuse comédienne avec qui je partage la scène, a une maison dans le coin.

Elle propose de nous loger. Les autres comédiens acceptent et, moi, par peur de dire la vérité, j'annonce que je suis obligé de rentrer à Paris le soir même. En fait, je prends une chambre d'hôtel à Rouen, où je me sens très bien. Le lendemain, je passe la journée seul forcément et, en fin de journée, je gagne la ville où l'on joue. Après le spectacle, vers 22 h 30, tout le monde rentre sur Paris. Là, une comédienne me demande si je peux la raccompagner. J'accepte, bien sûr, mais comme je suis resté la veille, j'ai mon sac de voyage dans le coffre. Je ne veux évidemment pas qu'elle s'en aperçoive, alors je lui dis de mettre ses affaires sur la banquette arrière, plutôt. Quand je lui en avouerai la raison plus tard, elle me dira qu'en effet elle n'avait pas compris mon embarras et mon refus de lui ouvrir mon coffre ! Voilà le genre de situation dans laquelle je peux me placer par peur de me sentir enfermé dans le collectif et par mon incapacité à avouer mes peurs.

Balayer de la cave au grenier

En 2000, ce n'est pas seulement le tournant d'un siècle, c'est aussi mon tournant personnel. Emmanuelle n'arrive plus à me comprendre. Voilà presque dix ans que nous nous connaissons. Notre petite Clara est née, encore une fille, elle a 2 ans maintenant mais je n'arrive pas à m'engager plus loin, avec un autre enfant. Nous marier, comme Emmanuelle le souhaite ? L'image du mariage et du couple, toujours liée à mes parents, continue de m'effrayer.

Emmanuelle met le doigt sur la difficulté que je contournais jusque-là, notamment en ce qui concerne l'engagement. Elle voit bien que, dans la vie, je fais un pas en avant, un pas en arrière. Un pas en arrière de peur de revivre la trahison, la déception, le sentiment d'abandon de mon enfance. Un pas en avant car cette enfance compliquée a développé mon idéalisme, mon romantisme, et fait de moi une personne à fleur de peau, touchée par les autres. Un pas en avant, un pas en arrière, je n'ai pas les armes pour faire un entre-deux. Et je n'avance pas.

« C'est bien beau d'exister derrière un micro ou sur une scène, mais il faut essayer d'exister par toi-même, d'être Thierry », me dit Emmanuelle. Elle a raison. Je fais tout bien à l'extérieur, je suis très sympathique mais dans ma vie personnelle, c'est les montagnes russes en permanence. « Ça ne peut pas continuer comme ça, insiste-t-elle. Les autres ne sont pas obligés de supporter tes démons, ils n'ont pas à porter ton sac à dos. Il faut que tu fasses quelque chose. »

Les risques d'une enfance malheureuse, c'est que ça peut conduire à l'enfermement. Dans cette pensée-piège qui consisterait à se dire : « Moi, de toute façon, je n'ai jamais été compris et je ne le serai jamais, donc il vaut mieux me taire. » Il faut sortir de cette pensée sclérosante. Si on a la chance d'avoir près de soi quelqu'un d'aimant, on peut demander à l'autre un peu plus de compréhension, mais c'est important de mettre en place de son côté une stratégie pour aller mieux. Sinon, ça ne peut pas fonctionner. Même si l'un des deux essaie de sauver l'autre, ça ne réussit pas toujours. Toutes ces femmes battues qui restent avec leur mari en pensant que ça va changer ! Mais ça ne changera jamais si la personne malade ne se fait pas soigner. Il faut que chacun fasse un petit bout de chemin. Quand on a la chance d'être deux, essayons d'avoir un regard qui permette à l'autre d'avancer, de faire un pas dans la bonne direction.

Il faut faire disparaître la légion de fourmis qui habitent mon cœur et ma tête, voilà ce que j'écris dans mon carnet.

Heureusement qu'Emmanuelle m'a poussé vers l'analyse, je ne la remercierai jamais assez. Grâce à elle, je suis rentré dans un univers incroyable, ardu mais passionnant.

À mon tour, voilà quelques années, j'ai incité un ami à entreprendre la même démarche. Je le trouvais très mal et j'ai senti qu'il fallait que je lui dise, le plus simplement du monde : « Ne reste pas seul, va parler. » Il l'a fait et depuis, chaque fois que je le revois, il me répète : « Tu m'as sauvé ce jour-là, car je me serais foutu en l'air. » Ça m'a énormément touché. Comme quoi les mots, quand ils sont dits, peuvent sauver une vie.

Car c'est vrai, selon moi la psychanalyse peut sauver.

Si j'ai un souci de pneus ou d'huile avec ma voiture, je vais aller au garage et la confier au mécanicien pour qu'il fasse le nécessaire, qu'il mette ses mains dans le cambouis pour arranger les choses. Bien sûr, je peux décider de continuer de rouler avec des pneus usés et sans faire la vidange. Ça peut tenir mais je risque fort d'avoir un accident à un moment ou à un autre. Pour mon esprit, c'est pareil, je vais en parler à quelqu'un dont c'est le métier de comprendre ce qui se passe. Un psy, c'est un peu le garagiste de notre âme. Quelqu'un qui va nous aider à comprendre les mécanismes en œuvre à l'intérieur de nous et nous permettre de faire une révision, de changer quelques pièces. L'analyse n'est peut-être pas la panacée mais elle aide pour avancer ensuite un peu mieux, un peu plus confortablement. Et ce n'est pas forcément cher :

il y a des Centres médico-psychologiques (CMP) gratuits, des psychologues remboursés. En sachant que le travail engagé pour aller mieux exige du courage. Mais croyez-moi, le « je » en vaut la chandelle !

Aujourd'hui, j'ai l'impression que les regards changent sur le fait de faire appel à un psy. Durant l'épidémie de Covid-19, le gouvernement a lancé un clip sur la santé mentale destiné aux nombreuses victimes du virus qui, sans avoir été malades physiquement, le sont psychiquement. Dans ce clip, un numéro d'appel est proposé et le slogan est : « En parler, c'est déjà se soigner. »

L'enfance pèse et pèsera toujours. Tant qu'on n'essaie pas de comprendre d'une façon ou d'une autre, on ne peut rien changer dans le fond. Je sais que certaines personnes sont réticentes à l'idée d'aller consulter un psy, que la vieille idée que c'est pour les fous et les malades traîne encore, hélas, dans les esprits. Si le fait d'aller consulter un psy vous rebute, sachez qu'il y a des associations prêtes à vous écouter, des groupes de parole, des endroits où on se sent moins seul. Mais surtout allez parler. Il ne faut pas rester en tête-à-tête avec son malheur sinon le combat risque d'être compliqué. Notre enfance bousculée nous a laissés déjà tellement seuls !

« C'est dur, une analyse, et ça fait mal. Mais quand on croule sous le poids des mots refoulés, des conduites obligées, de la face à sauver, quand la représentation que l'on se fait de soi devient insupportable, le remède est là... Ne plus rougir de soi, c'est la liberté réalisée* », disait Françoise Giroud.

Je débute donc une véritable analyse avec un psychanalyste formidable : Philippe Gérard. Il pratique l'analyse intensive et notre premier contact se passe bien. Je lui résume mon parcours, je lui parle de mon enfance, de mes peurs, de mon incapacité à avancer comme je le souhaiterais. « Il y a de la matière, confirme-t-il, et ce que vous allez entreprendre est formidable mais sachez que ça demande beaucoup de courage. Réfléchissez avant de vous décider. » Non, c'est tout vu. Maintenant que je suis devant lui, je suis décidé. Je me connais, si je réfléchis trop, je ne reviendrai peut-être pas... Je prends rendez-vous.

« Une analyse, m'explique-t-il en préambule, ce n'est pas fait pour aller balayer chez les autres mais pour faire le grand ménage en soi sur ce que les autres ont déposé dans votre cave et votre grenier personnels. L'idée, c'est qu'à la fin d'une analyse, il n'y ait plus rien ni à la cave ni au grenier, qu'on ait suffisamment balayé en soi pour s'être débarrassé de tout ce qui ne nous appartenait pas. »

Naïvement, je lui demande s'il sait quand j'aurai fini. Avec humour, il me répond : « C'est comme à Vincennes, je ne peux pas vous donner les résultats du tiercé. »

Nous convenons que je viendrai le voir deux fois par semaine, à raison de deux heures par séance.

---

* Françoise Giroud, *Le Nouvel Observateur*, 14 septembre 1995.

Mon travail avec lui durera presque dix ans.

L'analyse, il faut voir ça comme une enquête. On devient un policier, une sorte de Columbo. Ça tombe bien, je connais tous les protagonistes de l'affaire. Séance après séance, je pars à la recherche des indices de ma vie. Je les accumule un à un pour comprendre ce qui m'est arrivé et reconstituer mon puzzle personnel. Là, je peux dire que j'ai été « courageux *et* téméraire » pour m'allonger ainsi face à moi-même, deux fois deux heures par semaine, et me confronter à mon passé. Certains jours, je sors fou de bonheur à l'issue d'une séance et, d'autres fois, je repars accablé avec un terrible sentiment d'impuissance. Du courage… je repense à ce mot… Courage !

C'est éprouvant mais passionnant.

Où je découvre que le méchant n'est pas forcément celui que je crois. Mon père avait la volonté de devenir quelqu'un et il avait terriblement souffert de son statut d'immigré italien, souffert dans son enfance d'entendre son père maçon traité avec mépris de rital ou de macaroni. Ma mère a attisé sa jalousie concrètement, en vivant une autre histoire. Il faut dire qu'à force de se faire suspecter d'être infidèle, à force de se faire reprendre au moindre regard posé sur un autre homme, fût-ce en passant depuis la fenêtre de la voiture, elle a fini par passer à l'acte. Elle a entretenu quelque temps une liaison avec un militaire et, à un moment, elle a envisagé de partir avec cet autre homme. Mon père le découvre et la menace : « Si tu me quittes, je te tue, et les enfants aussi. » Elle restera.

Mais à partir de cette trahison de ma mère, il me prend pour objet de sa souffrance, et la maltraitance à mon égard commence. Où je comprends aussi que mes parents ont leur propre vécu et qu'il est douloureux d'un côté comme de l'autre. Ma mère et sa sœur se sont cachées dans les caves de Mantes pendant les bombardements de la Seconde Guerre, mon père est arrivé en France tout petit avec son père et sa mère, ma mémère Anna, qui fuyaient le fascisme en Italie. En pleine période où les « macaronis » s'installaient en France pour y exercer, souvent avec beaucoup de talent, des métiers manuels injustement dévalorisés. Mon grand-père appartenait à la grande famille des maçons italiens auxquels Maurice Chevalier rendra hommage dans sa « Chanson du maçon ».

Mon père a fait la guerre d'Algérie chez les parachutistes. Ça n'excuse rien, mais ça explique certains de ses comportements. Quand on remet tout ça en perspective, c'est éclairant et cela m'évitera les jugements un peu trop hâtifs et destructeurs.

En m'aidant à recoller les morceaux épars de mon enfance, le Dr Gérard va surtout m'amener vers la résilience d'une façon incroyable. Peu à peu, il me replace sur le terrain de la vie, la vraie vie, pas cette réalité déformée qui m'a été présentée et imposée dans mon enfance par mes parents.

Cela me permettra entre autres une réconciliation avec l'alcool, resté maléfique à mes yeux car lié à la violence paternelle.

Ça commence ce jour où j'arrive en avance à mon rendez-vous et où Philippe Gérard me dit au téléphone : « Rejoignez-moi au café du coin. »

Un peu interloqué, je me rends au café en question et, là, je le vois accoudé au comptoir avec les autres clients qui s'adressent à lui en toute simplicité : « Ça va, docteur, aujourd'hui ? » Et il boit un petit ballon de rouge. Un ballon de rouge ! Sur le moment, ça me laisse sans voix. Mon psy parle avec des gens et boit du vin qui, dans mon esprit, est réservé à mon père ! Pour moi, il y avait d'un côté mon père, son alcoolisme et ses traumatismes, et de l'autre mon Psy avec un grand « P », voué à guérir le malheur des autres. Je ne voyais aucune interaction possible entre les deux. Un psy, ça ne va pas au café ! Ça ne boit pas d'alcool !

« Allez, on y va », me dit-il en finissant son verre.

Nous montons à son cabinet et je comprends soudain qu'il vient de me faire passer un sacré message subliminal, un premier message de vie. Fidèle à ce qu'il m'avait annoncé au début de notre travail : « Je vais vous replonger dans la vie, je ne vais pas vous en extraire. »

Le deuxième message fort que Philippe Gérard m'envoie, c'est ce jour où j'anime « 40° à l'ombre » du côté d'Aix-les-Bains. Philippe Gérard et sa femme, qui ont une maison dans la région, me proposent de les accompagner à un dîner chez des amis. J'accepte et je suis accueilli à bras ouverts par un couple de fermiers charmants. On s'attable et on dîne de bon cœur : « Ça vous plaît ? Allez, faut se resservir ! », et on remplit mon verre : « À votre santé ! » Les plats sont super bons, je mange comme je n'ai jamais mangé de ma vie, nous buvons pas mal et je dois l'avouer, sans trop de modération, moi qui refusais toute goutte d'alcool jusque-là ! Soudain, la réalité, la vie, la bonne humeur… c'est comme si on me rechargeait. Je prends alors conscience qu'on a le droit de bien manger, de boire du vin, de vivre à pleines dents. Parce que je n'ai pas l'habitude des excès, je serai malade comme un chien dans la nuit, mais ce jour-là, je prends une grande leçon.

Je prends conscience que je ne vis pas ma vie. Que la maltraitance de mon enfance m'a entraîné dans ce qui n'est pas la vraie vie. La vraie vie, ce n'est pas prendre des coups ou recevoir des brimades. Ce n'est pas être en état de vigilance permanente et élaborer des stratégies afin d'éviter l'apparition des conflits comme lorsque, à table, j'orientais mon père sur le sport, son sujet favori, pour ne pas voir naître d'autre discussion, pour que ça se passe bien. Ce n'est pas surveiller l'état de son père pour savoir si, ce soir, on va rigoler ensemble en regardant Jerry Lewis à la télé ou si les coups vont pleuvoir. Soleil, ou pluie, aujourd'hui ? Je chausse mes lunettes de soleil, ou j'ouvre le parapluie ? La vraie vie, ce n'est pas vivre celle de ses parents. La vraie vie, c'est la sienne.

La vraie vie, ça peut être un dîner à la montagne chez un couple de fermiers autour d'un bon plat, avec un bon vin et des « faut tout finir, hein ! ».

La vraie vie, c'est le public et les candidats de « Motus » que je rencontre et qui sont des familles d'accueil, des infirmiers, des gens qui ne viennent pas que pour le gain mais pour le plaisir d'échanger.

La vraie vie, c'est celle que l'on vit, *soi*.

Comme me le rappelle Philippe Gérard chaque fois que je repars dans mes méandres.

« Mais vous, Thierry… VOUS ! Que voulez-vous, pour VOUS ? »

Colère et pardon

« Je vais aller les voir un jour. Je les réunirai tous les deux et je vais leur dire tout ce qu'ils m'ont fait vivre ! »

Je suis allongé sur le divan et je suis très remonté ce jour-là. J'ai décidé de me défaire de ces parents trop pesants. Oui, je vais tout leur dire : la peur, les coups, le vide de mon enfance solitaire, le manque d'amour… un vrai réglement de comptes.

« D'accord, me dit Philippe Gérard. En cow-boy, vous réunissez vos parents, vous les asseyez en face de vous, vous tirez et vous leur faites mal, c'est ça ? »

Soudain, l'image de mon père s'impose à moi et j'en ai la gorge nouée. Je réalise que je m'apprête à faire la même chose que ce qu'il a fait avec moi, dans la scène du fusil, lorsque j'avais 17 ans. J'ai envie de les flinguer avec des mots. La même chose avec trente ans d'écart.

Le Dr Gérard poursuit :

« Donc, vous faites ça. Et après ? »

Oui. Après… quoi ? Je reste muet, sans réponse.

« Vous aurez fait le justicier mais dans votre travail à vous, qu'est-ce que ça va vous apporter ? Ça ne changera pas ce qui s'est passé, si ce n'est que vous ferez souffrir vos parents inutilement. Et je pense qu'ils souffrent eux aussi de leur comportement, de leur violence. Alors… pourquoi en rajouter ? »

Pourquoi, en effet… ?

« Vous ne pensez pas que c'est plus intéressant pour vous d'essayer de comprendre, pour accepter que ça se soit passé et pour pouvoir ensuite vous en libérer ? », conclut-il.

Ça ne m'est pas facile. J'en veux à mon père, sans pouvoir l'exprimer. Comme ce jour où nous nous rendons chez mes parents pour déjeuner, Emmanuelle et moi.

Ce jour-là, mon père, ravi de nous recevoir, va chercher dans sa cave un chassagne-montrachet, l'un des meilleurs vins blancs que je connaisse. Je ne suis pas un grand amateur de vins, j'en bois peu pour des raisons faciles à comprendre, mais j'ai reçu des sommeliers et des œnologues dans mes émissions. Je sais que c'est une excellente bouteille. Avec fierté, il nous annonce à haute voix : « Je vais vous ouvrir un chassagne-montrachet. » Mais il prononce le « t » de montrachet ! Immédiatement, je me focalise sur son erreur de prononciation. Incapable de lui dire tout simplement : « Papa, tu sais, même si ça s'écrit avec un "t", on ne le prononce pas. On dit "mon-rachet" et pas "mon-trachet" », je rumine intérieurement. Quel con ! Il ne sait même pas qu'on ne prononce pas le « t » ! Impossible de me raisonner, je bous sur ma chaise jusqu'à notre départ, vibrant d'une colère incompréhensible pour tout le monde.

Lorsque je raconte ensuite cette histoire au Dr Gérard, je traite mon père de « con », fier de moi et de cette colère que je laisse enfin s'exprimer. Je me fais l'effet d'être un héros, je pense passer un cap important à cet instant.

« Mais Thierry, dites-moi, quand vos parents organisent ce déjeuner, ils mettent les petits plats dans les grands, n'est-ce pas ?

— Oui.

— Et si j'ai bien compris, votre père a une jolie cave, il y met tout son cœur, n'est-ce pas ?

— Oui, oui. »

Tout entier à mon mépris pour cette façon qu'a eue mon père de prononcer le « t » de montrachet, je réponds mécaniquement à ses questions.

« Il faut beaucoup d'amour pour faire ça, pour offrir une bouteille de cette valeur, n'est-ce pas ?

— Oui, d'accord.

— Alors, devant un cadeau semblable, vous croyez vraiment que c'est important de prononcer ou non le "t" de montrachet ? »

Je reste sans voix. Je revois mon père, tout heureux de nous annoncer quelle excellente bouteille il nous réserve. J'ai honte soudain, honte de moi et de mon mépris.

« Vous savez, Thierry, quand on veut détester quelqu'un, on trouve toujours une bonne raison. »

Je suis en larmes. Honteux de ma haine qui l'a emporté ce jour-là, honteux de mon comportement ridicule face à mon père, face à Emmanuelle. Je comprends qu'il a raison. Ce jour-là, ma colère se serait fixée sur n'importe quoi d'autre : un mot, un geste, la façon dont mon père était habillé, la cuisson du plat... Tout pouvait servir de prétexte pour qu'elle se manifeste.

Le passage est douloureux mais nécessaire. Il me permet de comprendre que, si on a décidé d'en vouloir à quelqu'un, toute sa vie on lui trouvera tous les défauts du monde. Mais aussi que passer par le reproche ou la colère doit pouvoir mener à autre chose. Comme le pardon.

Je sais que certains lecteurs pour l'avoir lu dans mon précédent livre m'ont dit : « Vous pouvez peut-être mais, moi, je ne pardonnerai jamais ce qui m'a été fait. » Pardonner n'est pas oublier. Pardonner ne veut pas dire absoudre. Pardonner, c'est se libérer de la rancœur, de la haine, de tout ce qui peut vous détruire à nouveau comme la colère, cette bile amère qui fait davantage de mal que de bien.

Pardonner, c'est se donner la possibilité d'avancer et de se reconstruire.

Philippe Gérard m'y aide, en tenant aussi le rôle d'un père de substitution, transfert classique en psychanalyse. Il me rassure, comme ce jour où je lui fais part de mon anxiété. Je joue *Faux Frère(s)* le pied dans le plâtre depuis un mois et on doit me déplâtrer demain. Pour une raison que j'ignore, j'ai très peur de ce déplâtrage.

« Vous savez, me dit-il, se casser la jambe ou la cheville droite comme vous, c'est le symbole de la mère. Vous connaissez Œdipe ? Œdipe en grec, ça signifie "celui qui boite". »

Sa remarque me sidère. Et il ajoute avec douceur :

« Rassurez-vous, Thierry, on marche très bien sans plâtre. »

Oui, je m'étais habitué à cette protection et à mes béquilles. Et bien sûr, ensuite, je m'en suis très bien passé. Et je confirme : on marche très bien sans plâtre !

Philippe Gérard me soutient en venant me voir au théâtre, ce qui m'encourage énormément. Par lui, je me sens reconnu dans ma vie, car mes parents ne viennent jamais me voir sur scène. Une fois, ils se décident tout de même, pour la pièce *L'Appart*. Je suis heureux, c'est inattendu, leur venue me touche et je leur réserve deux beaux sièges, bien placés. La représentation commence, je joue et, à la fin, quand la lumière se rallume, je les cherche du regard pour leur faire un salut particulier. Il n'y a personne à leurs places. Je rentre dans ma loge, j'attends, ils se sont sans doute levés dès les applaudissements, sans attendre les saluts. Ils vont venir me voir. J'attends. Personne. Je suis effondré et je téléphone à ma mère. « Vous êtes où ? Qu'est-ce qui se passe ? » Et là, je l'entends me répondre : « Écoute, on est venus, on a tourné. Impossible de se garer dans le quartier. » Ils ont fait demi-tour. Ils sont repartis…

Cette représentation à laquelle ils n'ont pas assisté, symbole de leur absence dans ma vie… j'aurais aimé me construire avec mes parents mais ça n'a pas été possible.

J'ai trop attendu. Il faut que je cesse d'attendre d'être reconnu par mon père, par ma mère.

Pierre-Olivier Scotto, le metteur en scène de *Faux Frère(s)*, est à l'époque l'un des rares à qui j'ai raconté un peu mon enfance, et notamment la scène du fusil. Il m'avait demandé l'autorisation de l'utiliser dans sa pièce. J'avais accepté. Il y a donc une réplique explicite à un moment entre les deux frères, quand l'un dit à l'autre : « Tu te souviens quand papa s'est déloqué en slip et nous a raconté sa vie ? »

Un jour, mes parents m'annoncent qu'ils viennent me voir jouer. Ce soir-là, contrairement à leur précédente défection pour *L'Appart*, ils sont bien présents. Je demande en toute urgence à Pierre-Olivier Scotto, qui accepte bien entendu, que soit exceptionnellement supprimée la réplique sur mon père. Je ne veux pas le blesser. Je ne veux pas que ma mère se sente mal à l'aise. Leur ajouter de la souffrance n'est pas mon but, au contraire. Ce soir-là, j'ai conscience d'avoir franchi un nouveau pas, de taille, en comprenant que les accabler ne me sert en rien.

Je sais aussi qu'essayer de leur expliquer tout ça est impossible. Faute de relation normale, mes parents et moi n'avons pas de langage commun, inconnus que nous sommes chacun l'un à l'autre. Nos modes de communication sont si éloignés... Même dans les rares moments où nous aurions pu nous parler, ça ne s'est jamais fait.

Comme ce jour, dans les années 90, où mon téléphone sonne. À l'autre bout du fil, c'est mon père, désemparé. Lui qui n'appelle presque jamais, il me dit d'une voix blanche que je ne lui connais pas : « Tu te rends compte, Thierry, j'ai un cancer de la prostate et je n'ai même pas mal. » Il a l'air le premier étonné par ce qui lui arrive. Tout de suite, je lui propose une contre-visite, pour être sûr. Je le fais pour moi autant que pour lui, dans une tentative pour le réconforter dans un moment difficile. Mon travail à la télévision va me faciliter les choses. J'ai reçu des professeurs, des spécialistes renommés et je lui obtiens immédiatement rendez-vous avec un cancérologue réputé qui, hélas, confirmera son cancer.

Après un cancer de la prostate, puis un cancer de l'estomac, mon père fait un infarctus. Ma mère m'en parle à peine, histoire de ne pas m'inquiéter peut-être. Au téléphone, dans un mélange d'humour et d'admiration pour son courage car il tient incroyablement la route malgré tout ce qui lui tombe dessus, je dis à mon père : « Tu as pris un forfait, ce n'est pas possible ! » Touché par ce qui lui arrive, je lui envoie un mot volontairement poétique bien que ça n'ait jamais été notre mode de communication. « Un petit morceau de mon cœur pour faire battre le tien. » Je ne me voyais pas lui écrire : « Je te souhaite de te rétablir », j'essaie de créer un lien d'une autre sorte entre nous. Mais on n'y parvient pas. Je ne réussirai jamais à avoir une véritable conversation avec mon père. Je crois qu'il y a toujours une petite peur qui subsiste en moi, alors je n'y arrive pas. Et lui, il n'y tient pas. « On n'a jamais parlé, alors pourquoi maintenant ? », semble-t-il penser. Dès que j'évoque à demi-mot la question de son comportement violent à mon égard, il coupe court à la discussion d'un « oh, ça va, c'est pas la mort ».

Et entre nous, rien ne se dit.

Il faut que je cesse d'attendre d'être reconnu par mon père, par ma mère.

Même si, comme le chante Brassens, à la fin, « c'est triste de n'être plus triste sans vous ».

En 2014, après avoir combattu autant qu'il le pouvait, mon père va mourir à l'hôpital militaire de Percy où ma mère l'a fait entrer. Je tourne « Motus » le jour où ma mère m'appelle pour me dire que son état s'est aggravé et qu'il vit ses derniers moments. Je lui rétorque aussitôt : « J'arrive », mais elle a cette réflexion incroyable : « Non, ne viens pas, je préfère que tu gardes l'image d'un homme vivant et le souvenir des histoires drôles que vous vous êtes racontées. » Elle me dit « ne viens pas », et moi je me retrouve de nouveau comme un petit enfant, prêt à me conformer à la décision parentale. Heureusement, Emmanuelle s'insurge : « C'est insensé. » Elle décroche son téléphone et dit à ma mère que ce n'est pas possible qu'elle exige ça de moi. Après, je suis allé voir mon père tous les jours pendant une semaine, tout en tournant « Motus », sans rien laisser paraître. « *The show must go on* », comme on dit. C'est la première fois que j'évoque cet événement, l'équipe de « Motus » n'en a jamais rien su. Chaque chose à sa place, je mets ma douleur et mon inquiétude de côté. Je cache ma tristesse réservée aux plus proches, aux intimes. Nous traversons tous des moments douloureux dans notre vie et, autant par pudeur que pour en protéger les autres, nous faisons bonne figure. Les larmes publiques, ce n'est pas dans mon fonctionnement. Que cherchent à montrer ceux qui font ça ? À attendrir le spectateur ? Et est-ce vraiment toujours authentique ? Encore une fois, ce ne sont pas les larmes qui font le chagrin. Tout comme la joie que je donne au travers du petit écran d'une télévision, qui est une offrande, et pas un masque.

Une semaine s'écoule ainsi jusqu'à ce vendredi matin où je reçois un coup de fil de ma mère : « Viens, c'est la fin. » Elle ne peut pas assister aux derniers instants de son mari, c'est trop dur pour elle, elle n'en a pas le courage. C'est Valérie, ma sœur, et moi qui allons entourer mon père, chacun d'un côté du lit. Et dans cette chambre d'hôpital, au chevet de cette vie qui s'en va doucement, je n'ai ni peur ni tristesse. Je me sens chargé de quelque chose, d'un geste, des mots pour l'aider à partir, pour le soulager, lui qui a tellement bataillé ! Je revois tout son parcours : sa vie, ses folies, ses ristrettos pour aller en Italie, ses mains toujours impeccables même en travaillant comme ouvrier chez Renault, son diplôme de meilleur vendeur chez Volvo, ses deux cancers, son infarctus... Je lui caresse le front et je lui dis : « Tu peux partir tranquille, papa. Tu l'as bien mérité. »

De l'autre côté du lit, Valérie sursaute : « Tu ne peux pas lui dire ça, tu ne peux pas lui dire : "Tu peux partir". »

Si, Valérie, je peux. J'aurais bien aimé qu'il m'accompagne dans ma vie mais c'est moi qui l'accompagne dans son dernier voyage. « J'accompagne une vie qui s'en va, une âme qui s'envole. »

Ce vendredi 5 septembre 2014, mon père est parti doucement. Et ce jour-là, je me suis dit que, malgré tout un passé de violences, je suis arrivé jusque-là. Jusqu'à pouvoir accompagner celui qui m'a tant fait défaut dans mon enfance.

Je suis triste à sa mort mais je n'éprouve pas de véritable chagrin. En fait je n'ai pas de deuil à faire car je l'ai déjà fait, progressivement. La maltraitance oblige à tellement se protéger, tellement se barricader que ça crée un éloignement progressif avec ses parents. Tout au long de mon enfance, j'ai fait le deuil d'une vie que je n'ai pas eue avec eux. Adulte, je les ai vus si peu, même si je ne les ai jamais privés de mes enfants et qu'ils ont été des grands-parents formidables. Alors, le jour où mon père meurt, je ne vis pas la souffrance du deuil et je ressens peut-être même, quelque part, une certaine délivrance.

Cette fois, je cesse d'attendre. Il n'y a plus rien à attendre.

Et aujourd'hui que ma mère vieillit et quitte doucement une certaine réalité de cette vie, je peux écrire.

Ma mère ne m'a pas vraiment connu, reconnu.

Aujourd'hui je la connais et je ne la reconnais plus vraiment.

Je suis un peu son fils,
elle est un peu ma mère,
et nos chemins se séparent...

Il se peut que durant ce passage sur terre, certains voyages ne s'accomplissent qu'à moitié... J'ai très peu connu mon père. Savait-il qui j'étais ?

Nous nous sommes, mes parents et moi, croisés, pour tout dire... ou si peu se dire.

C'est ainsi... il faut en prendre son parti... sans rien dire...

Sans trop s'apitoyer sur cette douloureuse réalité, car s'apitoyer c'est se réduire, c'est s'arrêter d'avancer, c'est disparaître en soi, sans avoir plus d'explications.

Ne pas connaître d'échec, ce n'est pas une réussite

La peur de l'engagement me pèse toujours, cette peur de quitter ma zone de confort, pas confortable pourtant mais si rassurante. Rester au même endroit, c'est la certitude que rien de fâcheux ne se produise. Mais c'est aussi se priver de la possibilité que quelque chose de beau survienne.

Et moi, trop souvent…

> *… J'ai marché dans de drôles de brouillards*
> *J'ai trouvé du soleil quand il était trop tard*
> *et qu'il fallait rentrer… avant que tout s'arrête.*
> *J'ai ouvert des portes qui donnaient sur nulle part*
> *J'en ai refermé d'autres, j'avais peur du hasard*
> *et des belles rencontres, et des amours possibles.*
> *Je ne voulais pas qu'on prenne mon cœur pour cible*
> *alors j'ai bougé dans le sens de la marche.*

Bouger à droite à gauche. Certes, j'ai connu des échecs, que ce soit au théâtre, en amour, à la télévision, notamment celui d'« Après-midi show », je les ai même accumulés par moments en me fourvoyant dans des tas d'aventures. En allant dans toutes les directions, dicté par le désir d'être comblé affectivement. Mais finalement je connais peu l'échec, et c'est un mot que je n'emploie pas souvent. La vie m'a bien servi, c'est vrai, mais je réalise aujourd'hui qu'il n'y a pas que ça.

Il y a une raison plus profonde et moins agréable à reconnaître : par peur d'échouer, je me suis souvent interdit de faire le pas supplémentaire.

Je ne connais pas d'échec véritable car la peur de l'échec est la plus forte et je ne vais pas au bout de ce que j'aurais voulu, ou ce que j'aurais pu faire. C'est terrible car, la peur l'emportant sur la possibilité, je me prive de belles surprises. J'ai tellement peur d'échouer que je préfère la « rassurance », le confort de ce que je connais. De cette façon, c'est sûr qu'il ne m'arrivera rien de mal. C'est un peu la façon de faire des gens qu'on a étouffés, qui se sont recroquevillés. Souvent, on m'a reproché cette absence d'engagement, cette peur du pas supplémentaire. Ce quelque chose qui fait que tu pousses une porte et que c'est ça la vie. Et derrière, tu trouves le paradis (ou l'enfer), mais tu trouves quelque chose.

En vérité, ne pas connaître d'échec, ce n'est pas forcément le symbole d'une grande réussite.

Toutes ces peurs qui m'entravent, toujours là.

« Et cette année, "Fort Boyard", c'est oui ? »

« Courageux mais pas téméraire », n'est-ce pas ? La formule maternelle se réinvite en moi. Tous les ans, je trouve un prétexte pour ne pas faire « Fort Boyard ». Impossible de dire la vérité : j'ai peur des insectes, la moindre épreuve dans le vide me donne la nausée, tout ce qui est trop physique m'effraie... Pendant vingt-neuf ans, je me défile, convaincu que ce serait pour moi une expérience insurmontable.

Quand on a vécu la maltraitance physique ou psychologique, on a tendance à penser que la vie nous réserve essentiellement des mauvaises choses. Le malheur ayant pris plus de place que le bonheur, le réflexe, c'est d'avoir peur, comme si le cerveau avait été programmé pour des temps difficiles. C'est pourquoi les enfants maltraités sont souvent des adultes qui n'ont pas une perception très juste de la réalité. Une situation simple pour la plupart des personnes peut soudain devenir pour nous un chemin malaisé.

Je repense à mes rendez-vous avec le directeur général de France Télévisions où j'arrive à l'heure et j'attends. Le directeur a du retard, un quart d'heure pour commencer, puis un quart d'heure supplémentaire. Au bout d'un moment, régulièrement il sort une tête de son bureau pour me dire : « Attendez, je suis à vous dans cinq minutes. » Des cinq minutes à répétition qui font vite un nouveau quart d'heure. J'aurais aimé pouvoir dire à ce directeur : « Ce n'est pas correct, ce que vous faites. » Je n'ai jamais rien dit et je n'ai jamais osé m'en aller. D'autres, plus à l'aise et confiants en eux-mêmes, se seraient levés et seraient partis. Et ils auraient eu raison. Mais pour moi, comme pour tous ceux qui n'ont pas cette assise intérieure... notre rapport à la faute est biaisé. L'écart entre ce qu'on pense et ce qu'on dit est grand pour des gens comme nous qui avons été mis sous cloche durant l'enfance.

Voilà quelque temps, j'ai tout de même réussi à quitter un endroit. Le dentiste avait déjà une demi-heure de retard et, lorsque l'assistante m'a annoncé qu'il fallait compter encore une demi-heure, j'ai refusé d'attendre. J'ai pris un autre rendez-vous. Ça peut vous paraître idiot, anodin pour certains, mais pour moi c'est un pas supplémentaire de franchi. Même si je me sens obligé de vérifier ensuite auprès de mon entourage le bien-fondé de ma réaction. J'ai encore besoin d'être rassuré et de m'entendre dire : « Oui bien sûr, tu as bien fait. »

Avoir bien fait, ou pas. C'est compliqué quand on n'a jamais su, enfant, comment il fallait faire pour bien faire. Et pour quelle raison ne rien faire de mal ne suffisait pas pour échapper aux coups. Il en reste une sorte de syndrome de culpabilité. Après chaque chose que je fais, et encore aujourd'hui, je demande : « C'était bien ? » Comme avec Monique Cara autrefois pour « Matin Bonheur », j'éprouve le besoin de vérifier ma légitimité à l'endroit que j'occupe. Le fameux syndrome de l'usurpateur !

À cause de mon vécu, je me fais des représentations dans ma tête, qui sont des projections, la plupart du temps sans rapport avec la réalité. Habitué enfant à faire du jour le jour, à être toujours en avance sur ce qui risque de se produire, j'imagine que les choses vont se passer comme ci, ou comme ça… Il me faudra du temps pour me dire que, ce qui ne se fait pas, ce n'est pas fatalement ma faute. Qu'un rendez-vous annulé, ce n'est pas parce que la personne ne m'aime pas. Que je ne suis ni responsable ni coupable de ce qui arrive.

Ce sentiment de culpabilité, c'est comme une empreinte en moi, qui se réveille dans les moments de conflits ou dans certaines situations comme ce jour, au commissariat de la rue du Château-des-Rentiers. Depuis plusieurs semaines, je fais l'objet de messages étranges, sympathiques pour commencer puis, au fil du temps, de plus en plus désagréables jusqu'à devenir menaçants. Mes assistantes qui reçoivent les premiers messages ne m'en ont pas parlé mais, là, l'affaire devient sérieuse. Des menaces de mort sont proférées à mon égard. La police est mise au courant et, un jour, je suis convoqué au commissariat en charge du harcèlement des personnalités publiques. J'arrive dans le bureau. Je m'assieds. Le commissaire me fait face, une demi-fesse posée sur le bureau, à côté de lui un policier tape mes déclarations sur un ordinateur, un autre policier m'interroge. « Nom, prénom, date de naissance, adresse », pour commencer, et s'ensuit une salve de questions. On me demande quand ont commencé les menaces, si je pense à des gens qui pourraient m'en vouloir, si j'ai remarqué qu'on me suivait dans la rue, si… Je me sens de plus en plus mal à l'aise. J'ai l'impression d'être accusé. De quoi ?

Qu'est-ce que j'ai fait ? Soudain, je me retrouve dans la même situation qu'enfant. Même si je n'ai rien à me reprocher, je me sens coupable. Je dois me décomposer car le policier en face de moi s'aperçoit de mon malaise. « Monsieur Beccaro, pas d'inquiétude, c'est la procédure. Il arrive souvent que des gens harcèlent des personnes publiques, en général c'est parce qu'ils les idolâtrent. Puis au bout d'un moment, leur amour restant sans réponse, il se transforme en haine. Vous n'y êtes pour rien. »

Oui, mais moi, j'ai beau faire, je suis submergé. Moi qui accorde tant d'importance à la sympathie, je ne pensais pas être un jour l'objet d'une haine semblable.

Heureusement, six mois plus tard, le type est attrapé. C'est un homme qui s'était fait licencier et qui avait reporté sa rage et sa souffrance sur moi, l'animateur de « Motus ». L'affaire est close mais, en me renvoyant à des douleurs anciennes, elle m'a profondément affecté. Pour ceux qui ont un passé comme le mien, ou même pour d'autres personnes intérieurement plus fragiles, toutes ces questions posées par les enquêteurs, très courtois au demeurant, nous font l'effet d'un interrogatoire. Elles peuvent nous remettre dans un contexte ancien douloureux. Comme s'il fallait nous justifier d'un acte commis dont nous ignorons tout mais dont nous serions coupables. Quelque chose que, comme dans notre enfance, nous aurions mal fait.

Et cette peur de mal faire peut même me conduire à me faire mal.

L'histoire se passe dans l'est de la France. Je joue aux côtés de Roland Giraud et Gérard Hernandez dans la pièce *Sans rancune* mise en scène par Pierre Mondy. Nous rentrons de Metz où la représentation de la veille au soir s'est très bien passée. Le train pour Paris est prévu dans l'après-midi, chacun vaque à ses occupations le matin et il est prévu qu'on se retrouve directement à la gare. Angoissé à l'idée de rater le train, car j'enregistre le lendemain matin « Samedi Bonheur », j'arrive très en avance et je m'installe dans le wagon. Il n'y a encore personne mais je suis tranquillisé d'être sur place. Quand, soudain, le train s'ébranle. Il démarre mais ce n'est pas du tout l'heure ! Brusquement, mes pensées s'affolent : « Je me suis trompé de train, je vais rater l'enregistrement de "Samedi Bonheur", c'est pas pro du tout, ça. » Sans réfléchir, j'attrape mes deux sacs, je me précipite dans le couloir, j'ouvre la portière, je balance le premier sac sur la voie, puis le deuxième et, pour finir, je saute du train ! De l'autre côté du quai, mes camarades me regardent, sidérés. Je me réceptionne comme je peux, me faisant une belle entorse à la cheville au passage, et je me relève difficilement entre deux voies de chemin de fer. J'entends encore la voix de Gérard Hernandez, mélange de gentillesse et d'inquiétude : « Thierry, mais tu es devenu complètement fou ! Tu te rends compte ? » J'entends aussi la colère du chef de gare, furieux, et je le comprends : « Non, mais qu'est-ce qui vous a pris, monsieur Beccaro ? C'est très dangereux, ce que vous avez fait ! » Je balbutie de vagues et sporadiques explications « trompé de train... partir aujourd'hui... enregistrement samedi bonheur... peux pas rater ». « Mais c'est le bon train, me répond le chef de gare, il faisait juste une manœuvre pour changer de quai ! »

Les pompiers arrivent et m'examinent. Bilan de ma cascade à la Belmondo : une entorse à la cheville, une luxation à la main et des vêtements déchirés. Par peur de mal faire, je me suis fait mal, mais mes Anges étaient là ce jour-là. Je serai à l'heure le lendemain matin pour enregistrer « Samedi Bonheur ». Bienheureux que le ridicule ne tue pas ! En même temps, comme le remarque un copain : « Il en faut, pour faire ce que tu as fait ! »

Eh oui... Courageux *et* téméraire, maman.

Petit Poucet

Grâce à mon travail en analyse, petit à petit je parle, je me raconte. Tel le Petit Poucet, je commence à déposer mes cailloux sur le chemin, pour me retrouver. Au début, je le fais de façon détournée mais ce sont pour moi des avancées considérables.

En 2003, Pierre-Olivier Scotto écrit une pièce intitulée *Une histoire de pères*. Il y est question de tous les pères qui peuvent exister. Le père artiste, le père militaire, le jeune père, le père vu par sa fille, etc. Il s'appuie sur des textes d'auteurs connus, Alexandre Jardin racontant son père Pascal Jardin jouant au casino de Deauville, ou encore l'écrivain turc Orhan Pamuk, prix Nobel de littérature, se remémorant son père qui s'est promené toute sa vie avec une valise à la main. Il y a un seul acteur sur scène pour jouer tous ces rôles. En me confiant l'interprétation, Pierre-Olivier Scotto me demande si je serais d'accord pour écrire moi aussi un texte sur mon père.

Ce sera « Les mains de mon père » :

La main c'est celle de mon père, la peau c'est la mienne, le chagrin aussi.

Ça peut tout faire une main, donner, prendre ; lâcher, voler, aimer, caresser, frapper.

Mon père était petit, musclé, avec des mains compactes, des doigts assez courts, des veines saillantes,

On aurait dit des rails de chemins de fer, pour partir en voyage peut-être,

On dit que pour donner ou recevoir, il faut faire le même geste, tendre les mains,

Pour caresser ou frapper, c'est la même chose,

Les mains de mon père se sont abattues sur ma peau parce que le cœur de maman s'est posé dans d'autres mains,

Mon père a perdu la tête et ses mains m'ont brisé le corps, ce petit corps pas bien vieux, régulièrement tatoué de cinq doigts imprimés en rouge sur mon dos, recroquevillé dans les escaliers.

Mon père gravait son malheur sur ma peau de jeune petit vieux plié en deux,

Ses mains de travailleur manuel n'obéissaient plus qu'à un seul donneur d'ordre, l'alcool.

Où est passé le gant de velours, ce gant qui était censé caresser ?

Celui de mon père, je l'ai cherché longtemps, je crois que je l'ai pas trouvé, pas encore, je n'ai pas ce souvenir.

Ma peau, mon cœur ne se souviennent pas du geste, d'une main d'un papa qui se pose sur le front d'un enfant avant de dormir, d'une main qui rassure l'enfant inquiet.

La main de papa Zorro qui vous protège de tous les dangers et qui vous assure l'amour à vie.

La petite main dans la grande, celle avec des veines comme des rails de chemins de fer qui vous emmènent au bout du monde...

La pièce se conclut ainsi : « De toute façon, Freud disait qu'on ne sera jamais des parents formidables. »

Je suis alors papa d'un petit Lucas de 2 ans. Père d'un fils à mon tour, soulagé de voir que, même si c'est un garçon, rien ne m'apparente à mon père ni à son comportement. Je ne serai jamais un parent formidable car ça n'existe pas, mais j'essaie d'être le meilleur possible. D'être *comme quand mon père tapait dans la balle et qu'elle montait si haut dans le ciel que même les oiseaux applaudissaient*.

Je commence à laisser passer un peu de soleil en moi. Au début de mon travail avec le Dr Gérard, j'ai une vision de l'analyse où je vais me repaître de mauvais souvenirs, me complaire dans le sombre, une façon sous-entendue peut-être de montrer à mon psy que j'ai vraiment besoin de lui. « C'est très bien, me dit Philippe Gérard, mais l'analyse ce n'est pas que ça. » L'analyse, c'est fait pour chasser les plus gros nuages mais aussi pour laisser percer la lumière et les moments ensoleillés.

Dans toute existence, il y a des moments ensoleillés, même peu, même de courte durée. Ce sont ceux-là qu'il faut essayer de retrouver, retrouver ce qui peut nous faire du bien.

Les beaux moments de mon enfance, il y en a pourtant, ce sont les vacances. Ma mère m'a rappelé récemment que, pendant dix ans, nous sommes partis en famille en Italie, à Cattolica ou à Riccione. J'avais oublié. Une porte s'était refermée. Le déni des beaux moments. L'Italie pour moi, c'est mon père et, même s'il ne me parlait pas italien, cette langue pourtant magnifique est tellement liée à ma souffrance, à sa jalousie, que je n'ai jamais voulu l'apprendre jusqu'à maintenant. Je faisais de la résistance tant elle déroulait pour moi un fil noir de choses désagréables. Pourtant, c'est bien en Italie que se trouvent mes plus beaux souvenirs avec mes parents, durant ces vacances où ma grand-mère nous accompagne souvent. Là, ils ne se disputent plus, on dirait qu'ils ont fait la paix, qu'ils ont signé une trêve. À quoi est-ce dû, je l'ignore. La présence de mémère Anna peut-être, ou le fait d'être en dehors du quotidien, ou mon père rassuré d'avoir ma mère sous les yeux…

Sur cette photo en noir et blanc, je revois ma grand-mère, assise dans un transat sur la plage, droite et digne dans sa robe noire, les pieds nus dans le sable et mon père, allongé dans un transat à ses côtés, endormi les bras croisés derrière la nuque, en chemise et en maillot de bain, mon père tout jeune et si beau, ressemblant à Zorro avec ses yeux noirs et sa petite moustache. On déjeune sur la plage et Valérie et moi dévorons des yeux mémère Anna qui découpe avec solennité ses petits pains blancs, les beurre, puis les remplit de charcuterie italienne. C'est tout un cérémonial que nous observons, pressés de recevoir notre petit pain, de le porter à notre bouche. C'est un tel délice ! On se régale tellement ! Je me rappelle combien ce moment était calme et apaisant. Chaque fois que j'y repense, ça me fait du bien.

Tout comme ce souvenir magique, durant ces mêmes périodes de paix parentale. Chaque année, au cours de l'été, mes parents nous emmènent à Riccione, près de Rimini, manger une glace chez un célèbre glacier. Imaginez, il propose plus de cent parfums différents ! Je me souviens encore de Valérie et de moi, tétanisés devant le choix, incapables d'opter pour un parfum. Il y a des saveurs incroyables, mangue ou fruits de la passion, ce qui n'est pas courant du tout dans les années 60, et pour finir, nous choisissons vanille-chocolat et citron-fraise ! Plus audacieux, mes parents repartent avec des parfums exotiques.

Ces vacances italiennes, c'est ma *dolce vita* à moi. La vie si différente de d'habitude ! Une vie presque rêvée… des orchestres jouent dans les rues, on se couche tard, nous marchons parfois jusqu'à 22 heures dans la douce chaleur du soir. Comme des gens normaux, comme une famille normale. Dans les rues, il y a un homme qui propose de faire une photo de vous avec un animal. Entre autres, il tient un lionceau en laisse et, pour la photo, mon père le porte sur ses épaules ! Quel moment magique que de voir mon père comme ça ! Un si beau souvenir…

Mon père avec un lion sur les épaules
tu es si beau, tu es si drôle
mon père avec un lion qui sourit
c'est si bon cette nuit, dans cette ville d'Italie
Pourquoi es-tu content qu'on voie si bien tes dents
Et tes yeux ébahis devant la belle vie ?
Mon père avec un lion au bout des bras
Tu ne sais pas que je pleure tout bas quand je vois cette photo-là
Ce moment merveilleux, je l'ai au fond des yeux
Caché au fond de ma vie, dans un coin d'Italie
C'est là que je m'envole
Mon père avec un lion sur les épaules.

Retrouver les beaux moments pour se faire du bien… Voilà qui aide dans les moments difficiles, les moments de doute.

J'ai gardé de ces vacances de rêve, sans doute idéalisées, le goût des belles choses et des beaux endroits, non pas que je sois insensible au reste mais, pour être passé par des chemins si durs et si tristes à mon cœur, ça me fait du bien. Ça ne réclame pas forcément de l'argent. C'est une attitude. Quand j'étais aux Éclaireurs de France, je poussais les copains à sortir leurs chaussures de l'intérieur de la tente. La journée avait été longue, les kilomètres nombreux et ces fameuses chaussures en portaient des traces fort malodorantes ! Ils s'exécutaient en se fichant de moi : « Oh, toi, Beccaro, t'as des goûts de luxe ! » Non, je n'ai pas de goûts de luxe, j'ai juste besoin d'être bien, dans une atmosphère douce, rassurante et parfumée. Et l'un des endroits où je me sens bien est lié à ma *dolce vita*. Pour d'autres, ce sera l'odeur de la pluie dans une forêt ou le parfum du lilas ou celui des beignets frits... Qu'importe, pourvu qu'on ait identifié ces endroits refuges qui nous réconfortent dans les moments durs.

L'italien, c'est maintenant que ça me manque et, durant le confinement, je me suis inscrit sur un site pour l'apprendre. Si mes deux derniers enfants, Clara et Lucas, portent des prénoms italiens, c'est pour une autre raison : parce que ce sont des prénoms lumineux. L'étymologie latine de Clara évoque la clarté et Lucas vient du latin *lux*, qui signifie « lumière ».

Et sans aucun doute, tous deux m'ont éclairé.

C'est Clara par exemple qui m'a mis sur le chemin de la peinture. Je me souviens très bien de ce jour de 2002 à la campagne chez mes beaux-parents. Clara a 4 ans, elle peinturlure sur une feuille de papier, maniant tour à tour feutres et pinceaux. Voyant qu'elle passe d'un dessin à l'autre, je m'amuse à terminer celui qu'elle vient d'abandonner. Le pinceau glisse sur la feuille, des formes naissent, des couleurs bruissent sous mes doigts, un univers soudain apparaît sous mes yeux. J'ai 46 ans et c'est magique, je ressens un bien-être extraordinaire, une sérénité inouïe. À partir de ce jour, je commence à peindre. Sérieusement mais sans me prendre au sérieux, comme tout ce que je fais. Je n'ai pas de technique, je n'ai pas fait d'école d'art mais les couleurs me guident et m'accompagnent. C'est comme si elles me parlaient : « Laisse-toi faire, c'est nous qui t'emmenons. » Et je découvre sous mon pinceau une explosion de jaune, de bleu, de rouge… Quelque chose en moi dit : « C'est la lumière en toi qui s'exprime. » Comme si j'avais gardé au fond de mon cœur les couleurs de ma *fellinia vita* chez mémère Anna et qu'elles s'exprimaient sur la toile.

Petit Poucet déposant de nouveaux cailloux sur le chemin, je fais ainsi de plus en plus de pas en avant. Dans ma vie privée, je m'engage davantage. Nous ne parlons pas de mariage, Emmanuelle connaît ma réticence à ce sujet, mais nous sommes quand même arrivés à envisager un Pacs… lorsqu'une amie nous pose cette question évidente et déconcertante : « Pourquoi s'arrêter à minuit moins cinq quand on peut aller à minuit ? » C'est vrai, pourquoi ? Je franchis le pas. Nous décidons de nous marier civilement. Emmanuelle sait combien un mariage avec un grand tralala me déplairait. Je redoute plus que tout la pompe que peut représenter un mariage à l'église, même si j'y pense, ce jour où j'enregistre une émission de radio du côté de Ramatuelle. Au-dessus de l'hôtel où je loge se trouve une toute petite chapelle, dotée d'un charme fou. Là, je pense que ce serait chouette et romantique de nous marier à l'église dans cette ravissante chapelle, juste avec les quelques personnes qu'on aime. Je pense cela mais je n'en parle pas et, finalement, le

28 décembre 2013 à 9 h 30 du matin, Emmanuelle et moi nous marions civilement comme prévu. Il fait très beau et dans la voiture qui nous mène à la mairie nous écoutons « Paris-Seychelles » de Julien Doré. « *I need you so, I won't let you go**. » Emmanuelle a pris soin de n'inviter chez nous qu'une trentaine de personnes, pas davantage. Elle le fait pour moi, avec son cœur et sa délicatesse, pour apaiser mes inquiétudes. Cette journée qui me faisait si peur restera dans mon souvenir une très belle journée, agréable et amicale. Et la petite chapelle de Ramatuelle est toujours présente dans ma mémoire. Peut-être un pas de plus, qui sait ?

---

* Julien Doré, « Paris-Seychelles », *LØVE*, Sony Music, 2013.

Les messages de la vie

« Thierry, il faudrait te couper le neurone de la vigilance », me dit un jour le metteur en scène Raymond Aquaviva. J'ai une scène à jouer dans *Le Saut du lit* et je n'y arrive pas.

Sa phrase m'a beaucoup marqué. L'hypervigilance de mon enfance est un poison dont je peine à me défaire. J'ai passé la première partie de ma vie comme un vigile, un petit gardien de nuit, dressé sur ses pattes comme un suricate, à surveiller la vie de mes parents. Et dans la scène de cette pièce, j'agis de cette façon, en appliquant à moi-même ma propre vigilance. Je me surveille en me demandant comment je suis, de quoi j'ai l'air, si je me conduis bien, si… si… Et je ne parviens pas à jouer car « dès que tu te demandes de quoi tu as l'air et ce que vont penser les gens de toi, tu n'es plus dans le personnage », comme on l'apprend dans les cours de théâtre, notamment avec la méthode américaine de l'Actors Studio. Il faut sortir de soi-même, plonger entièrement dans son rôle. Ne plus être vigilant, c'est passer au-delà de soi. C'est s'offrir une nouvelle aventure. C'est accepter qu'il y ait, de l'autre côté de la rue ou du travail que tu fais, quelque chose que tu ne connais pas. Ce n'est pas facile pour des adultes qui ont été, comme moi, les enfants vigiles de leur entourage. Pourtant, c'est permettre que la vie nous fasse signe, que quelque chose d'inattendu nous arrive. Accepter de sortir de cette fameuse zone de confort.

En 2018, je participe à « Affaire conclue ». Le principe de l'émission est simple. Une personnalité vend aux enchères un objet qui lui est cher, au profit d'une association de son choix. Je décide de proposer une pièce de 10 francs datant de 1998, que j'aime particulièrement car elle est à l'effigie de la Coupe du monde de football, et je suis un fan de foot. Je suis très fier de ma pièce. Le producteur de l'émission me demande à quelle association sera versé le produit de la vente. Je ne sais pas trop mais, quand il me suggère l'Unicef, ça me paraît une évidence. Je suis leur travail depuis des années et j'ai toujours eu envie de les aider sans trop savoir comment procéder. Va pour l'Unicef.

Devant moi se tient un jury de cinq brocanteurs, devenus célèbres depuis, qui me dévisagent. Immédiatement, je me sens mal à l'aise, j'ai l'impression d'être devant un tribunal ou, pire encore, mis à nu comme quand j'avais 12 ans dans cet amphithéâtre de l'hôpital Necker. C'est plus fort que moi, impossible de me détendre. Pour arranger le tout, je prends un vrai bouillon avec ma pièce de 10 francs. Elle n'intéresse personne et, même si elle monte quand même jusqu'à 200 euros, c'est loin de ce que j'en espérais. À la fin de l'émission, j'en profite pour dire que, au-delà de ce résultat médiocre, j'aimerais être utile plus largement à l'Unicef.

Je rentre chez moi, mécontent et tendu. De quoi j'ai l'air, avec ma pauvre pièce ! En même temps, je me trouve ridicule. On n'a pas voulu de ma pièce, et alors ? Je ne suis plus un enfant... En fait, je ne regardais pas dans la bonne direction.

L'émission était enregistrée. Un mois plus tard, elle est diffusée et, un quart d'heure après le générique de fin, je reçois un message de l'Unicef. Ils me proposent une rencontre. C'est incroyable ! Cette histoire de pièce, je l'avais vécue comme un échec alors que la réussite était là, juste à côté. Dans le message que j'avais fait passer à l'Unicef. Quel beau signe de la vie !

Cela m'a beaucoup appris. J'avais tendance à penser que, si je n'arrivais pas à vendre une pièce ou si je n'avais pas de réponse à un casting ou je ne sais quoi d'autre, c'est parce que je n'intéressais pas. Cela peut m'arriver encore parfois de penser de cette façon mais c'est une erreur, une projection fausse, une mauvaise interprétation. Il faut comprendre que ce qu'on considère comme un échec, c'est juste parfois parce qu'on ne correspond pas à la personne recherchée ou à la situation, c'est tout.

La fameuse réunion de l'Unicef a lieu, il y a de nombreuses personnes, on discute missions, voyages. On me propose de devenir ambassadeur des droits de l'enfant. Je me dis que le train est lancé, que je dois y aller, que je veux y aller. Cette fois, le neurone de la vigilance est bien coupé. Je suis aux anges et, à la fin de la réunion, je demande si désormais je peux me considérer ambassadeur Unicef. « Ah, mais ça ne se passe pas comme ça », me répond-on. Il faut d'abord accomplir une première mission dans un pays, accompagner un voyage émotionnellement fort, et voir comment je le vis. L'Unicef fera l'annonce de ma nomination seulement après. Pour une première mission, je m'attendais à ce qu'on m'envoie dans un pays d'Afrique du Nord ou un pays pas trop loin de la France et, en fait, on me propose un voyage à Abidjan, en Côte-d'Ivoire. Je suis envahi par un mélange d'émotion et d'un peu de peur, d'inquiétude. Un vague « Pourvu que tout se passe bien… » me traverse mais, cette fois, la joie l'emporte. Je me dis que tout ira bien là-bas. Et c'est effectivement ce qui se passera. Je deviens ambassadeur pour défendre la cause des enfants dans le monde entier.

La vie vous envoie ainsi des messages, tout le temps. On peut ne pas y faire attention mais, dès qu'on commence à les remarquer, on s'aperçoit qu'ils sont partout.

Je me souviens de cette représentation théâtrale à Saint-Nabord, dans les Vosges. Je ne me sens pas bien, je vis mal cette aventure, et la représentation de ce soir me pèse. Je me balade dans les coulisses, je traîne en attendant le moment d'entrer en scène quand je repère une échelle. Je monte, j'arrive à l'étage dans une pièce de cours apparemment, où le professeur de théâtre sans doute a inscrit en lettres majuscules cette phrase sur un tableau noir : JE JOUE ET JE M'AMUSE !

Incroyable. Évidemment, je prends cette phrase pour moi. C'est un message qui m'est destiné. Sors de toi, oublie-toi, joue et amuse-toi !

Je redescends, ragaillardi, soudain plein d'allant dès mon entrée en scène, et la représentation se passe à merveille.

Ce sont les cadeaux de la vie, tout en couleurs et en fils d'or parfois. Car…

… S'il y a des traces rouges qui baignent
Derrière mes yeux persiennes,
Il y a quand même du soleil
Qui fait parfois des siennes,
En déroulant des fils d'or
Pour réchauffer mon corps.

Au-dessus des nuages, le soleil

Être résilient, c'est réussir à remplacer progressivement ce qu'on a entendu par autre chose. Si je ne le fais pas, je vais croire toute ma vie que je ne suis pas courageux car insuffisamment téméraire, que j'ai peur de tout et que ce sera toujours comme ça. D'autres enfants auront entendu qu'ils étaient gros ou bêtes ou moches. Récemment, grâce à ma sœur, j'ai compris d'où venait une grande partie de mes peurs. Nous parlions de ma mère et d'un éventuel placement en maison médicalisée, quand Valérie me dit, comme une évidence : « Elle appréhende, maman, tu sais bien comment elle est, elle a peur de tout. » Et soudain, c'est une révélation. Oui, bien sûr. C'est elle qui avait peur, plus que moi peut-être, et qui projetait inconsciemment sur moi ses propres peurs. Elle m'en a fait l'héritier. Un héritage bien encombrant.

On dit souvent que la peur prévient d'un danger, ou qu'elle ne l'évite pas ; on dit plus rarement que la peur fait aussi passer à côté de certaines choses et qu'il y a des peurs inutiles.

En 2002, je joue *Providence Café* de Mohamed Rouabhi au théâtre du Rond-Point à Paris. Un copain vient me voir et on discute ensuite au café. Il travaille pour une chaîne de voyages et m'explique que la chaîne d'hôtels Beachcomber récompense ses meilleurs vendeurs en leur offrant un rallye voiture, avec étapes, à l'île Maurice. Il me propose d'être directeur de la course dont il m'explique le principe avec enthousiasme.

« À chaque étape du rallye, on dort dans un hôtel Beachcomber. »

Je l'arrête très vite :

« Tu sais, moi, les voitures...

— Oui, mais on ne va pas à plus de 40 kilomètres/heure. Et le soir on se réunit tous dans ta chambre et on fait le point. Ça va être génial ! »

Génial. Moi qui n'aime pas la collectivité. Sans compter les dix heures d'avion pour aller à l'île Maurice. L'actualité vient à mon secours avec la guerre du Golfe. Mais quelques mois plus tard, mon ami revient à la charge, le rallye aura bien lieu. Il insiste. En dernier recours, je prétexte que je suis pris la semaine en question mais là, il me dit : « Eh bien, ça tombe bien, il y a eu un changement, c'est la semaine suivante »... Pris à mon propre piège, je n'ai pas d'autre choix que d'accepter.

En fait, je vais vivre l'un des plus beaux moments de ma vie. Le pays est magnifique, ses habitants merveilleusement chaleureux. La suite d'hôtel avec sa terrasse est tout simplement splendide. C'est un lieu magique. Et surtout, tous les soirs pendant une semaine, je suis fou de bonheur d'accueillir toute l'équipe dans ma chambre. C'est incroyable, j'ai l'impression de retrouver l'ambiance de ma *fellinia vita*. Dire que, jusqu'au bout, j'ai cherché tous les prétextes du monde pour ne pas y aller ! À un moment, c'est la vie qui t'envoie un signe. Tu cherches à l'éviter d'un côté, voilà qu'elle te rattrape de l'autre. Et qu'elle te fait vivre quelque chose de totalement inattendu, et de merveilleux.

S'avouer ses peurs est un grand pas et, finalement, en 2019, j'accepte de faire « Fort Boyard ». D'une part, j'ai épuisé toutes les excuses recevables et, d'autre part, la production a été sympa avec moi. Elle s'est engagée à me faire choisir parmi les trente épreuves du jeu, ce qui me permet d'écarter tout ce qui se déroule dans le vide, insurmontable pour moi.

Le jour venu, je suis terrorisé mais j'y vais, avec le soutien de mes coéquipiers. J'attrape avec difficulté quelques mygales qui n'ont pas très envie de se faire prendre, je plonge la main dans un coffre rempli de larves et de scorpions pour récupérer une clef sous les hurlements hystériques de mon équipe « PLUS VITE ! PLUS VITE ! », « Oui bon ben, plus vite plus vite… ». Ils sont marrants, eux ! Je rampe, je crapahute, je relève la tête à hauteur d'araignées… Mort de trouille, le tachycarde en folie, mais finalement pas mal de sang-froid. Je suis le premier épaté par moi-même.

Parfois, il n'y a plus de place pour la vigilance, et c'est tant mieux. Je transpire pour mon équipe, je veux rapporter des clefs, je suis motivé car le fruit de ces efforts, tout l'argent récolté ira à une association. Je sors enfin totalement de ma zone de confort et, contre toute attente, ça me procure un sentiment de satisfaction. J'ai osé faire le pas supplémentaire que je m'interdisais depuis vingt-neuf ans. J'ai traversé quelque chose. Cette épreuve surmontée, c'est un moment de soulagement, je peux m'accorder un satisfecit. « Tu vois, me dit ma petite voix. Tu es capable. » Oui, c'est vrai, il ne faut pas que j'oublie de me féliciter moi-même.

Et parce que je l'ai fait, je peux le refaire… ce sera au profit de l'Unicef.

Pour vivre des choses, s'avouer ses peurs est une première étape, les dépasser (parfois contraint et forcé) en est une autre, mais dire ses peurs aux autres… Ce n'est pas facile de dévoiler ses failles. Mais c'est un pas de taille à franchir.

Je suis au festival de télévision de Luchon. C'est un festival de films de fiction et de documentaires que j'aime beaucoup. Pendant quatre jours, les films en compétition sont projetés tous les soirs. Dans la journée, on est libres et beaucoup vont faire du ski à Superbagnères mais, pour se rendre à la station… problème… il faut prendre des œufs. Je ne peux pas monter dans ce genre de minitéléphérique ovale, ça me terrifie ! « Tu ne viens pas avec nous ? » Les collègues sont étonnés, c'est le premier jour, il fait beau et, à Luchon même, je ne connais pas grand monde ! Je prétexte du travail. Ils partent, je reste. Deuxième jour, troisième jour, je parle toujours de travail à faire pour justifier ma défection. En fait, je m'ennuie, je n'ai plus trop d'excuses valables à donner et finalement je finis par avouer. « J'ai peur de prendre les œufs. Je suis claustrophobe. » Si je m'attendais à la réaction ! « Mais pourquoi tu ne l'as pas dit plus tôt ? Bernard Le Coq est comme toi et il prend la navette pour rejoindre la station. » C'est fou, car je me croyais seul à éprouver cette peur, j'en avais un peu honte et j'étais gêné de l'avouer. Au lieu de dire la vérité, j'ai créé un vrai sac de nœuds de fausses raisons, au point que les gens ont pu penser que je n'avais pas envie d'être avec eux. Et si j'en avais parlé dès le premier jour, j'aurais eu connaissance de l'existence de cette navette.

Je monte donc dans le petit bus et, après avoir quitté Luchon sous un ciel grisâtre, je me retrouve à Superbagnères, au-dessus des nuages, et là c'est comme si un voile s'était levé. Il fait un temps extraordinaire. Je me dis que c'est ça, la réalité. Le ciel bleu, les copains : tout est là.

Il y a du soleil au-dessus des nuages.

Il suffisait de dire. Il faut oser dire.

Dire, c'est cesser d'avoir peur de son image. Cesser d'avoir peur de passer pour un type qui n'a pas de courage, et c'est ce que je fais ce jour où, pour un épisode de « 40° à l'ombre » près de Royan, on reçoit une troupe d'« élastonautes ». J'assiste, admiratif, à leur répétition, impressionné par les pirouettes incroyables de ces acrobates accrochés à de grands élastiques. De véritables performances chaque fois. Arrive la pause déjeuner. On s'installe ensemble, on discute et, là, ils me proposent d'essayer au cours de l'émission.

« On vous attache aux élastiques et vous allez vous amuser, vous verrez.

— Non, non merci. »

Je n'en ai aucune envie, ça me fait bien trop peur.

« Allez, quoi, lancez-vous… »

À leur ton, je discerne un peu de moquerie, ils me vannent, gentiment mais quand même, et de nouveau j'entends en écho la voix de ma mère : « Courageux, hein, mais pas téméraire. »

Sauf que cette fois, je décide de leur avouer ma peur.

« Écoutez, je ne le ferai pas, ça me fait peur. Moi, mon domaine, c'est plutôt le théâtre. »

Et là, un des « élastonautes » s'écrie :

« Ah moi, alors là, je ne pourrais jamais. Tu me mets sur scène, je meurs ! »

« Eh bien vous voyez, moi je suis capable de jouer devant mille personnes et vous, vous pouvez valser dans l'air avec des élastiques. Ce que vous ne pouvez pas faire, je peux le faire, et vice versa. »

On peut avoir une faiblesse d'un côté et être fort d'un autre côté et, souvent, c'est une autre personne qui vous le révèle. À condition bien sûr de se parler, de s'avouer mutuellement nos peurs, sans honte. Il faut avoir le courage de la simplicité. Nous ne sommes pas tous pareils. Et peut-être qu'on est tous missionnés pour faire des choses qui servent aux uns et aux autres.

De « Motus » à *Bouche cousue*

« Motus » a été l'une des plus belles aventures humaines de ma vie. Que ce soient avec les candidats, le public ou l'équipe qui m'entoure, j'ai vécu vingt-neuf années d'un grand bonheur. Je ne suis jamais parti travailler le ventre noué. Je suis toujours arrivé sur le plateau avec bonheur, sans inquiétude. Aussi je m'étais juré que le jour où je me dirais, comme dans mon enfance : « Pourvu que ça se passe bien », ce serait le signal. Le jour où j'irais tourner « Motus » avec une appréhension, j'arrêterais. Quand j'ai senti ça, j'ai commencé à organiser mon départ. Ça m'a pris un an, le temps pour la direction de prévoir la suite. Je voulais partir en bons termes avec France Télévisions, sans fâcherie. C'était important pour moi que ça se passe bien, sans ombre, sans flou.

On m'a souvent demandé si ce n'était pas trop dur d'arrêter « Motus » et de quitter la télévision. Non. La télévision est à la fois mon univers et en même temps, on l'aura compris, je ne suis pas très famille. Par exemple, je ne suis pas devenu producteur comme Thierry Ardisson, Nagui, Jean-Luc Reichmann ou d'autres, qui ont créé leur société. Moi, j'ai l'impression d'avoir navigué toute ma vie sur un radeau plutôt solide, ballotté certes mais sans jamais tomber à l'eau. Entre la radio, les tournages, la télévision, les planches... tout ça a flotté autour de moi et m'a emporté de-ci de-là. Ce qui m'a plu dans la télévision comme dans le reste, c'est d'y faire des choses bien et de faire plaisir aux gens. Si les spectateurs étaient heureux, j'étais heureux moi aussi. Le plus beau compliment qu'on puisse me faire, c'est quand, dans les salons du livre, on me reproche d'avoir arrêté « Motus » et « Télématin ». C'est important pour moi de laisser une belle empreinte, que ce soit sur le petit écran ou sur une scène, dans la vie en général.

Et puis, si la télévision a fait partie de ce qui m'a sauvé, tout ne repose pas sur elle. Je n'ai jamais considéré que seule ma position d'animateur m'avait sauvé de mon enfance, j'ai même la certitude que penser cela aurait été un piège. Imaginons que j'aie placé toute ma vie dans la télévision et que l'on m'ait gentiment remercié par exemple, je risquais fort d'avoir les mêmes remontées terribles que celles vécues enfant. Dans ces conditions, oui, on peut faire une dépression après quarante ans de télévision. Mais je ne me suis jamais positionné de la sorte. Bien d'autres choses, comme les rencontres, le théâtre, la poésie, l'analyse, l'amour... m'ont aidé à franchir des pas et ont balisé mon chemin.

Aussi aujourd'hui, tout en restant ouvert aux propositions nouvelles qui pourraient m'être faites à la télévision, je me consacre davantage au théâtre et je monte sur les planches avec toujours autant de bonheur. Être comédien me plaît et j'endosserai avec grand plaisir des rôles pour des films de cinéma ou des téléfilms.

Et bien sûr, en ma qualité d'ambassadeur Unicef des droits de l'enfant, je témoigne et je m'engage dans la défense des enfants maltraités. Je veux parler pour eux, eux qui souffrent en silence. Il ne faut pas taire ce qui est vécu. Le taire, c'est laisser ignorer ce qui a existé et qui existe encore, et faire que ça continue.

Car la douleur, ce n'est pas uniquement ce qu'ont fait les parents, c'est aussi le silence de l'entourage. L'omerta, le déni, la bouche cousue, tous ces enfants dont on soupçonne les cris et auprès de qui on n'intervient pas. Au point qu'ils finissent par douter. Tout cela est-il vrai ? Je me suis parfois demandé si j'avais vraiment souffert autant que ça, si je n'inventais pas. Non. Je sais bien que tout ça a eu lieu. Bien sûr il y a pire, mais ce qui m'est arrivé m'est bien arrivé. Il y a des témoins, des signes, des sous-entendus car c'est rarement clairement exprimé. Je me rappelle cette nounou nous glissant à mi-voix quand elle ne restait pas s'occuper de nous : « Attention, ce soir, c'est votre papa qui vous garde. » Ce « Attention », tout ce qu'il contenait ! C'était une manière de nous prévenir, comme si elle savait que, lorsque maman n'était pas là, ça ne se passait pas d'une façon très facile. Sa phrase sous-entendait tellement de choses ! À l'époque, il y avait une omerta sur la violence dans l'éducation. Omerta qui se lève peu à peu mais qui existe encore de nos jours.

Heureusement que les autres sont là pour confirmer la réalité des choses. Valérie, ma sœur, est le témoin objectif de ce que je vivais, une sorte de double qui peut raconter. C'est elle qui m'a rappelé l'épisode des boulettes de viande qui énervait tant mon père, elle qui m'a rappelé le coup de poing dans le mur en béton. Elle aussi qui a raconté à ma mère la violence de mon père à mon égard. Car une enfance bousculée, ça vous apprend à ne pas vous plaindre. Et à force de ne pas se plaindre, l'esprit se formate bizarrement. Une partie de soi fonctionne en mode survie. On se dit : « Je vais à l'école, je vais bien travailler », et ainsi, jour après jour, on s'en sort. En même temps, une autre partie de soi, son double, murmure : « C'est terrible ce que tu vis, terribles ces coups, terrible cette scène du fusil. »

C'est pour ça que j'ai mis tant de temps à me raconter.

C'est pour ces raisons qu'un enfant maltraité ne dit rien. Il n'a pas la structure psychologique pour comprendre ce qui lui arrive et il continue souvent de se taire, même devenu adulte.

En avril 2020, pendant l'épidémie de Covid-19, j'ai enregistré une vidéo sur le site Brut en faveur du 119, le numéro d'appel d'urgence pour les enfants victimes de violences. Je lance un appel à l'aide car le confinement imposé est épouvantable pour les enfants battus, soudain enfermés dans les appartements avec des adultes d'autant plus maltraitants que l'enfermement réveille leurs démons endormis par le travail à l'extérieur ou par la vie sociale. Et les petits ont perdu les refuges qu'étaient pour eux l'école, le sport, les copains...

Je m'adresse directement aux enfants : « Je sais que c'est difficile, je sais qu'il faut faire les devoirs, qu'il y a le télétravail à la maison mais il n'y a rien qui justifie qu'on tape un enfant. Alors petit bonhomme ou ma petite mémère, j'ai envie de t'appeler comme ça, si tu regardes cette vidéo, il faut bien que tu comprennes qu'on n'a pas le droit de te taper. Si on te fait du mal, tu peux appeler un numéro : le 119. Si tu sens que parfois on te touche et que ça te met mal à l'aise, ne te laisse pas faire. Tu te mets dans un coin et tu appelles le 119. Il y aura toujours quelqu'un pour t'écouter, pour te répondre, et tu pourras raconter tes malheurs. Parce que des enfants comme toi, il y en a beaucoup, beaucoup, et il y en a même qui meurent sous les coups... Et c'est insupportable. »

Je m'adresse aussi aux adultes : « Et puis vous qui m'écoutez, sachez qu'un enfant battu quand il a la chance de survivre, comme moi, j'ai envie de dire qu'il est enfermé pour la vie. Il a du mal à avancer. Dans sa tête c'est compliqué, dans son cœur c'est compliqué. Ça fera un adulte fragile, brisé. Alors, si vous entendez un bruit, au-dessus ou en dessous de chez vous, si vous entendez quelque chose de suspect, allez-y. Allez taper à la porte, vous pourrez vous tromper mais si vous avez raison, eh bien, vous allez peut-être sauver une vie. »

Pour la Journée internationale des droits de l'enfant en novembre 2020, j'ai témoigné de l'impact de mon enfance sur ma vie dans le documentaire poignant de Mélissa Theuriau *Bouche cousue*, diffusé sur France 2. Parce que les enfants maltraités cachent leur souffrance, il faut toute la présence et la bienveillance d'un juge pour enfants comme Édouard Durand pour qu'émerge leur parole étouffée, pour que s'entrouvrent leurs bouches cousues. Et que l'enfant puisse être protégé. Dans les salons du livre, sur les plateaux de télévision, à la radio ou sur Internet, j'ai donné des interviews, des conférences, toujours des moments simples où je parle avec sincérité, sans volonté de revanche ou d'accusation, juste avec le désir de faire prendre conscience aux gens de la maltraitance et de ses conséquences, qui peuvent être dramatiques.

Il n'est pas question de faire pleurer dans les chaumières, mais de dire que les enfants battus ça existe et que, malheureusement, ça existera encore et pas seulement dans les cités, les quartiers défavorisés comme on se plaît à le rabâcher, comme si la pauvreté entraînait forcément une immense guirlande de coups et de blessures. C'est faux. Il y a de l'amour au Val Fourré et de la haine à Neuilly, il y a du bonheur à La Courneuve et des drames à Versailles, parce que le malheur frappe à toutes les portes, il ne choisit pas ses cibles sur le cadastre. Et l'argent, la belle voiture et la belle famille, ça ne fait pas forcément une belle vie.

Quand les gens entendent et reçoivent ce message, c'est ma plus grande réussite. Je me souviens de cet homme sur un plateau de télévision, me disant qu'il avait eu une enfance très heureuse : mon témoignage lui a permis de prendre conscience que tout le monde n'avait pas eu sa chance. Il me remercie car ça le rend « plus compréhensif envers les autres », me dit-il. Je pense aussi à cette femme dans un salon du livre me confiant que, grâce à mon livre, elle a pu raconter à son mari ce qu'elle avait vécu petite fille, battue par sa mère, et que cela avait été très important pour leur couple. Je pense encore à ce collègue animateur m'avouant qu'il se montrait parfois un peu rude avec son fils de 17 ans, qu'il avait même pu avoir parfois « la main un peu leste ». Après avoir vu ma vidéo sur Brut dénonçant les maltraitances, il a soudain réalisé la portée de ses actes et les effets de son comportement. Il est allé parler à son fils et il lui a demandé pardon. Ce qu'il a fait est formidable. Mon père, lui, ne m'a jamais demandé pardon. J'aurais tant aimé…

Je le lui ai dit, par écrit, après sa mort.

Tu ne m'as jamais demandé pardon
Jamais…
Tu le sais maintenant…

Ma résilience à moi

Le comble dans tout ça c'est que j'ai compris, moi, ce qui t'était arrivé... et je t'ai pardonné
C'est ma force à moi, enfin je crois.

La force aussi de prendre la défense des anges.

Se libérer de ses chaînes… et se déchaîner

Après avoir eu aussi peur de livrer mon témoignage, voilà qu'un jour je reçois un coup de téléphone totalement incroyable. Adrien Taquet, secrétaire d'État chargé de la protection de l'enfance, veut me rencontrer. Il entend partir en guerre contre la maltraitance. C'en est assez, dit-il. Assez de voir qu'en France, un enfant meurt tous les cinq jours des suites de violences familiales*. Et la pandémie de Covid-19 a aggravé la situation, avec des répercussions dramatiques. En avril 2019, dès la première semaine de confinement, les appels au 119 ont augmenté de 50 % !

La violence faite aux enfants doit reculer partout pour, un jour, cesser totalement. Quand on sait que dans le monde un enfant sur deux est victime de violences physiques, sexuelles ou psychologiques qui entraînent des traumatismes (ce que ça engendre comme désarroi, tristesse, solitude, compulsions,

* Chiffres 2018.

colère, addictions... c'est terrible), des handicaps, voire son décès*.

Quand j'arrive, le secrétaire d'État me reçoit avec bienveillance. Il trouve mon témoignage important, que ce soit mon livre ou ma vidéo sur Brut. On parle de l'urgence de s'attaquer franchement et sans répit à la maltraitance, indigne et insupportable. Libérer sa parole comme je l'ai fait est fondamental, me dit-il. Oui, c'est vrai, il faut parler, il faut dire. Mais ça ne suffit pas. Il faut aller plus loin, pour nous libérer de nos chaînes, pour libérer les voix étouffées de tous ces enfants. Un enfant, une voix. Maintenant, il faut se déchaîner contre la maltraitance.

Un peu timidement, craignant de peut-être dire quelque chose d'idiot, j'ose alors évoquer la possibilité d'une éducation des parents. Il me semble que ça empêcherait des dérives. Devenir parent, ce n'est pas facile, ce n'est pas évident et certains partent avec des handicaps dans la représentation de la famille. À ma grande surprise, Adrien Taquet surenchérit. C'est justement ce vers quoi le gouvernement se dirige. Le rapport de la commission d'experts présidée par Boris Cyrulnik sur le « Parcours 1 000 jours » a ainsi été remis en septembre 2020. Concept mis au point par l'OMS, le « Parcours des 1 000 premiers jours de l'enfant » propose un accompagnement aux familles fragiles, durant cette période qui court du

* Rapport de l'Onu, copublié par l'OMS, l'Unicef et l'Unesco, juin 2020.

quatrième mois de grossesse aux 2 ans de l'enfant. Une période difficile où la majorité des parents se trouvent très seuls face à leur nouveau statut, souvent démunis devant les pleurs et les cris d'un bébé et susceptibles, faute de soutien, de faire acte de violence. C'est aussi une période cruciale pour l'enfant, celle du développement de son système nerveux, de la préparation à la parole et aux relations verbales.

Je serai ensuite auditionné à l'Assemblée nationale pour y apporter mon témoignage. Il y avait à côté de moi un médecin auditionné lui aussi sur les dégâts, physiques et psychologiques, d'une enfance maltraitée : dépressions, addictions en tout genre (alcool, drogue, jeu, sexe), violences, suicides... C'est effrayant d'entendre exposées ainsi d'un point de vue médical les conséquences de la maltraitance sur un être humain.

Arrêtons aussi de minimiser les gestes et les propos. Il y a encore beaucoup trop de violences éducatives ordinaires, les VEO, comme on les appelle pour désigner ces petites claques sur les fesses ou ces phrases toxiques dont on a dit pendant longtemps, et encore parfois aujourd'hui, qu'elles n'avaient jamais tué personne. C'est faux. Les gestes violents et les mots méchants provoquent une succession de petites morts, comme je l'écris dans cette pièce de théâtre d'inspiration autobiographique où deux amants, Stéphane et Catherine, se racontent à cœur ouvert leur enfance si ressemblante.

Catherine : Moi, l'enfer c'était à table !!! Les deux poings sur la table en Formica et on parle quand on vous interroge et on finit son assiette sinon… sinon on retrouvait la fameuse assiette au goûter, au dîner, ça pouvait durer longtemps. En plus, ils étaient sur la même longueur d'onde papa et maman, pas un pour contredire l'autre. Je vous laisse imaginer le programme. Faut plus me parler de boulette aujourd'hui… Enfin, c'était pas très méchant, ça fait partie des petites choses de la vie… ça nous a pas empêchés de grandir, et puis on n'est pas morts, c'est l'essentiel.

Stéphane : Moi je crois au contraire qu'on peut en mourir, de ces petites choses-là, des petits excès d'autorité, des petites claques sur les fesses, des petites remontrances en public, des petites trahisons perpétrées par les grands, des promesses non tenues. Ça fait comme des entailles dans la peau des anges. Sur les coupables ça cicatrise très vite, sur les innocents ça saigne pour toujours, alors on s'arrange pour que ça ne se voie pas trop. On s'habille bien, on met sa cagoule, son tricot de peau, son cache-nez, on sourit, ça s'appelle faire bonne figure et on va saigner chez les spécialistes, ceux qui colmatent les plaies du cœur, les bobos de la tête. On essaie de suturer avec des mots, des mots d'amour pour que ça tienne bon mais on ne les trouve pas toujours les mots d'amour, on a parfois les mots d'humour, mais ceux-là ils ne cicatrisent pas bien. Non, il faut des mots solides : confiance, bonheur, soleil, rire, enfants, grand-mère, clafoutis, petits lapins, nounours, câlin…

Catherine (avec douceur) : Vous les possédez, tous ces mots, Stéphane. Ils sont là, en vous.

Oui, je crois que les mots sont en nous, même si c'est un travail de titan pour apprendre à remplacer les coups par des caresses, les injures par des mots d'amour, pour arriver à changer une seule lettre à *douleur* et la faire *douceur*.

Je crois pourtant que tout est possible quand on utilise les mots pour le dire. Pour soi. Pour les autres.

Et particulièrement pour faire entendre la voix des enfants, pas leurs cris.

J'ai beau avoir mon âge et avoir appris à vivre avec lui, il m'arrive encore d'être rattrapé par les peurs du petit Thierry qui continue, par bribes, de me parler. Je sais que je ne suis pas le seul à garder en moi un enfant blessé, nous sommes nombreux dans ce cas. Je me souviens de cette scène au théâtre avec un comédien, ancien alcoolique devenu abstinent. À un moment de la pièce, son personnage boit une bière, remplie d'eau bien sûr. Mais un soir, en pleine répétition, il porte le verre à sa bouche et, erreur d'accessoire, c'est de la vraie bière. Il recrache aussi sec et se met à hurler comme un damné : « Mais qu'est-ce que vous avez foutu ! Vous ne savez pas que je n'ai pas le droit de toucher une seule goutte sinon je replonge ! », totalement hors de lui.

Là, dans cet homme affolé, soudain je vois l'enfant, le petit en lui qui perd pied.

Je comprends si bien ce qui le traverse à cet instant ! La peur brusquement réveillée, cette intranquillité qui nous habite, notre fêlure qui éclate au grand jour…

Moi aussi, je le sens, l'enfant qui sursaute en moi sur un geste, une odeur, une attitude. J'entends ces deux parts de mon existence dialoguer entre elles.

Et le grand Thierry aimerait que, un jour, le petit Thierry soit complètement tranquille.

Le grand : Tu es sûr que ça va aller ?

Le petit : Oui oui, ça va. Et toi ? Ça va ?

Le grand : Ça va. On s'en est pas mal tirés, non ?

Le petit : Oui mais parfois, j'ai l'impression que tu n'es pas très bien...

Le grand : Mais non, rassure-toi. Tu n'as plus rien à craindre, maintenant.

Mais est-ce que tous les deux, dans le fond, on est bien rassurés ?

Et en même temps, est-ce que c'est ça le but ? Je n'ai pas envie de devenir lisse. Le charme d'un être humain ne réside-t-il pas justement dans ses approximations, ses cicatrices, ses douces inquiétudes ? Des êtres qui se ressembleraient tous, ce serait comme les femmes d'un spectacle du Crazy Horse. Elles sont magnifiques mais ce sont toutes les mêmes, c'est d'un ennui... « L'ennui naquit un jour de l'uniformité », écrivait déjà le dramaturge Antoine Houdar de La Motte au XVIIe siècle.

Il n'est pas question de pratiquer une chirurgie esthétique de l'âme et de notre histoire. Certes, on est un peu rafistolé mais c'est notre charme à nous, d'être humain. Et nous avons à vivre avec notre histoire, aussi dure, aussi malaisée soit-elle. Un enfant battu a été un enfant incroyablement courageux face à la plus grande des lâchetés qui consiste à frapper plus faible que soi. J'ai été un de ces enfants. Beaucoup d'entre nous ont été un de ces enfants. Parmi eux, insupportable à imaginer, certains sont morts de trop de coups, de trop de douleurs. Mais quand on est toujours là, une fois adulte essayons de refermer tant bien que mal notre blessure en évitant de rester dans l'aigreur, l'amertume ou la colère qui ne nous aident pas. Essayons si possible de cicatriser de notre blessure. Cicatriser n'est pas oublier ni renier la blessure subie. Comme les contours des pièces d'un puzzle, la cicatrice est la marque d'un adulte puzzle qui aura travaillé à recoller tant bien que mal les morceaux de son enfance fracassée. Mais qui en portera secrètement l'empreinte en lui toute sa vie. Cette empreinte qui laisse passer la lumière au travers de nos fêlures et qui fait ce que nous sommes, chacun de nous, avec nos failles, nos imprécisions, nos doutes.

> Le ciel des grands est beaucoup plus petit
> Que le ciel des enfants.
> Enfant, ne deviens jamais grand* !
> chantait Dick Annegarn.

La vraie question me semble-t-il, c'est d'accepter de vivre avec ce qui nous a été donné de vivre, en

* Dick Annegarn, « Les enfants », *Le Meilleur de Dick Annegarn*, Polydor, 2000.

essayant de comprendre ce par à quoi on est passé et pour quelle raison. Au lieu de s'arrêter et de se dire : « Non, je ne voulais pas de ce chemin-là », et si on se disait : « Il y a une raison à ce qui m'est arrivé, peut-être que la vie est en train de me dire quelque chose » ?

Est-ce que la maltraitance de mon enfance n'était pas là pour m'ouvrir aux autres, pour me pousser à prendre la défense des plus innocents ?

Est-ce que la violence physique de mon père, la violence psychologique de ma mère n'étaient pas là pour me montrer ce qu'il ne faut justement pas faire ?

Et si tout cela avait existé pour me permettre un jour de parler au nom de ceux qu'on n'entend pas ?

En février 2019, lors de ma première mission Unicef en Côte-d'Ivoire, j'ai été frappé par une remarque du chef du village de Sakassou, à 400 kilomètres d'Abidjan. Nous parlions avec le directeur de l'école de l'absence d'électricité obligeant tout le monde à se lever et à se coucher avec le soleil. « Sauf une fois par mois, dit le chef du village, où c'est formidable, nous avons de la chance, la pleine lune nous offre une longue soirée. » Et il ajoute cette phrase merveilleuse : « Il vaut mieux bénir la bougie allumée que maudire l'obscurité. »

Bénir plutôt que maudire…

Bénir la bougie, c'est saisir les mains tendues par nos Anges, c'est accueillir l'inattendu, c'est laisser parler les couleurs en soi. C'est éloigner un instant, puis un instant encore, l'obscurité qui règne en nous.

Bénir la bougie, c'est inverser ce qu'on nous a appris, comme quoi la vie ne serait qu'une succession de moments difficiles entrecoupés de brèves lueurs de joie, pour nous dire que la vie peut être faite de moments de bonheur, plus grands et plus nombreux que prévu.

Bénir la bougie, c'est aussi se servir de sa lumière pour éclairer les autres.

Car l'intérêt d'une résilience c'est, fort de ce qu'on a vécu, d'être un transmetteur, un passeur. De servir à quelque chose d'utile. À tous ceux qui ont du mal à être eux-mêmes, j'ai envie de dire : autant essayer d'être quelqu'un pour les autres. Aider, écouter, réconforter, tout ça donne un sens à ce qui a été vécu. Il y a autant de plaisir à donner qu'à recevoir.

Alors, si la résilience ne débouche pas sur un parterre de roses, elle devient un chemin laissant voir de plus en plus souvent briller le soleil au-dessus des nuages, permettant de se dire que ça peut durer.

Et une tentative, unique à chacun, pour élever « le ciel des grands » aussi haut que celui des enfants...

Remerciements

À toutes celles et à tous ceux qui m'ont permis d'avancer, de grandir, de comprendre et de pardonner.

Et surtout merci à celles et à ceux qui m'ont considéré comme un soleil quand je me percevais comme un nuage.

Table

Pour en savoir plus
sur les Éditions Plon
(catalogue, auteurs, vidéos, actualités…),
vous pouvez consulter
www.plon.fr
www.lisez.com

lisez!

et nous suivre sur les réseaux sociaux

Editions Plon

@EditionsPlon

@editionsplon

CET OUVRAGE
A ÉTÉ ACHEVÉ D'IMPRIMER
SUR ROTO-PAGE
PAR L'IMPRIMERIE FLOCH
À MAYENNE EN OCTOBRE 2021

N° d'impression : 99281
Imprimé en France